Jane Newdick

Kräuter

Aus dem Englischen von Ingeborg Ulmer

Die Deutsche Bibliothek – CIP-Einheitsaufnahme

Kräuter : in der Küche, für Kosmetik und Gesundheit ; zum Schmuck in Haus und Garten / Jane Newdick. Aus dem Engl. von Ingeborg Ulmer. – Stuttgart : Ulmer, 1996
Einheitssacht.: Book of Herbs ⟨dt.⟩
ISBN 3-8001-6610-0
NE: Newdick, Jane; Ulmer, Ingeborg [Übers.]; EST

First Published in 1994
Under the title Jane Newdick's Book of Herbs
By Simon & Schuster

Deutsche Ausgabe:

Wollgrasweg 41, 70599 Stuttgart (Hohenheim)
Lektorat: Ingeborg Ulmer
Herstellung: Dieter Kleinschrot
Satz: Typomedia Satztechnik GmbH, Ostfildern
Printed in Spain

Jane Newdick

Kräuter

in der Küche
für Kosmetik und Gesundheit
zum Schmuck in Haus und Garten

VERLAG EUGEN ULMER STUTTGART

Kochen mit Kräutern

Duft aus Kräutern und Ölen

INHALT

Kräuter als Dekoration

Kräuter zur Körperpflege

Kräuter aus dem Garten

Einführung

Der Nutzen, den wir aus Kräutern ziehen können, ist fast grenzenlos. Bringen sie schon in unsere Gärten wundervolle Farben und Düfte, so liefern sie der Küche den ganzen Reichtum an Gewürzen und für den Schmuck unseres Heims das Material.

Seit Jahrhunderten werden ihre medizinischen und therapeutischen Eigenschaften genutzt, Krankheiten zu heilen und Geist und Seele zu erfrischen. Daneben werden Aromen und Düfte in Cremes und Aufgüssen verwendet, damit wir gut aussehen und uns noch besser fühlen.

Schon im alten Ägypten, in China und Indien wurden Kräuter wegen ihrer Heilwirkung angebaut. Chinesen und Griechen entwickelten pharmazeutische Rezepturen unter Verwendung von Pflanzen, katalogisierten Pflanzen nach ihren medizinischen Eigenschaften und beschrieben ihre Verarbeitung in allen Einzelheiten. Zur Zeit der Römer wurden die kulinarischen Qualitäten der Kräuter entdeckt, die Grundlage für die heutige Mittelmeerküche mit ihren ganz spezifischen wie klassischen Gerichten.

Im mittelalterlichen Klostergarten wuchsen die Kräuter in der Nähe der Küche und der Krankenstation. Aus vielerlei pflanzlichen Zutaten wurden alkoholische Tinkturen und Getränke gebraut für medizinische Zwecke und um von innen heraus zu wärmen.

Im 16. und 17. Jahrhundert wurden in ganz Europa Mischungen aus getrockneten Blüten und Kräutern als Potpourris verwendet, um unangenehme Gerüche zu überdecken. Frische Kräuterbüschel trug man, um Krankheiten, vornehmlich die Pest, fernzuhalten. Wäschetruhen wurden aus Zedernholz gefertigt oder mit Pflanzenölen imprägniert, um Kleider vor Insekten und Mäusen zu schützen. Duftwässer aus Kräuteressenzen wie Lavendel und Rosen wurden großzügig in den Räumen ausgesprüht. Im 19. Jahrhundert verwendete man getrocknete Blüten und Blätter mehr zur Dekoration. Zu Weihnachten wurden duftende Girlanden und Gebinde über dem Kamin aufgehängt, damit sich die Aromen in der Wärme des Feuers lösen und im Raum verströmen konnten.

Rechts: Ein origineller Schmuck sind dekorative Kräuterbündel, vor allem solange sie noch frisch sind, aber auch getrocknet sind sie noch als Schmuck verwendbar.

Angelika

Unten: Mit Kräutern kann man wundervoll würzen und hübsch dekorieren, beispielsweise eine herrliche Torte für eine besondere Gelegenheit.

Erst in jüngster Zeit erfrischen und entspannen wir uns mit Kräutertees, stärken unseren Körper durch Aromatherapie und Massagen mit Kräuterölen und bereichern unsere Speisen durch vielerlei Gewürze.

Dieses Buch bietet eine Fülle von Rezepten für Speisen und Getränke, von Suppen und Salaten bis zu Kuchen und Likören, Rezepte für exklusive Kräuterbäder und Hautcremes von kühlenden Wässern bis zu wohltuenden Fußbädern. Potpourris und Kräutersäckchen bringen Düfte in Zimmer und Kleider und vertreiben Motten und Mäuse. Kränze, Girlanden, Sträuße und Gestecke schmücken das Haus und ausführlich wird gezeigt, wie und wo man Kräuter ziehen kann - erfolgreich und mit Phantasie.

OBEN: Kränze aus Blumen und Kräutern sind ein traditionsreicher Raumschmuck. Sie können aus frischem oder getrocknetem Material sein, hier aus getrockneten Rosen.

Basilikum

Kochen mit Kräutern

Suppen

Kräuter können wesentlicher Bestandteil einer Suppe, ergänzende Würze oder Garnierung sein. Ihre Eigenheiten können klassischen Suppenrezepten den besonderen Pfiff geben oder zu neuen Geschmacksrichtungen anregen. Jede Küche in der ganzen Welt kennt Suppen mit Kräutern, seien es kalte, erfrischende Sommersuppen oder Eintöpfe für Wintertage. Kräuter werden am besten erst am Ende der Kochzeit zugegeben. Das bewahrt ihren Geschmack unverfälscht. Es gibt allerdings auch herzhafte Suppen, die erst ihren vollen Geschmack bekommen, wenn sie lang mit einem Kraut köcheln, und getrocknete Kräuter haben einen besonders intensiven Geschmack. Frisch gehackte oder geschnippelte Kräuter sind die schönste Garnierung, wenn die Suppe aufgetragen wird. Das ist zwar nichts neues, aber es ist eine Freude für Augen und Gaumen.

RECHTS: Mit ihrem besonders kräftigen Geschmack würzen Kräuter die verschiedensten Suppen zu allen Jahreszeiten und für viele Gelegenheiten. Es bringt Abwechslung, verschiedene Kräuter für die gewohnte Suppe zu verwenden.

LINKS: Grüne Kräuter wirken appetitanregend. Hier wurde frisch geschnittener Koriander auf die Suppe gestreut.

Koriander

Gazpacho mit Kräutern

Dieses klassische spanische Rezept macht man am besten gegen Ende des Sommers, wenn alle Zutaten besonders gut und reichlich im Angebot sind. Die Tomaten müssen wirklich reif und aromatisch sein. Wenn sie langweilig schmekken, kann man mit ein wenig Tomatenmark nachhelfen und das Eiswasser durch Tomatensaft ersetzen. Man serviert den Gazpacho in einer Terrine und reicht alle Beilagen oder auch nur einige davon getrennt.

750 g sehr reife Tomaten, nach Belieben gehäutet
2 süße rote Paprikaschoten
1 Knoblauchzehe
4 Frühlingszwiebeln
1 Salatgurke
6 Eßlöffel Olivenöl
2 Eßlöffel Rotweinessig
1/2 l Eiswasser
Salz, Pfeffer
4 Stiele frische Petersilie
4 Stiele frischer Oregano
1 Zweig frische Minze

Garnitur und Beilagen
Geröstete Brotwürfel, in kleine Würfel geschnittene Tomaten, Gurke, Zwiebeln, klein geschnittene Kräuter, gehacktes hartgekochtes Ei, entsteinte schwarze oder grüne Oliven.

Zubereitungszeit 30 Minuten, reicht für 4 Personen

Minze

Knoblauch

1 Gemüse vorbereiten und waschen, die übrigen Zutaten bereitlegen.

2 Alle Gemüse kleinschneiden, die Kräuter zerzupfen und untermischen.

3 Die Gemüse in einem Mixer zerkleinern bis sie eine suppenartige Konsistenz haben. Öl, Essig und das Eiswasser zugeben. Mit Salz und Pfeffer würzen. In eine Suppenschüssel füllen und kühl stellen. Die Beilagen separat in kleinen Schälchen reichen, aus denen sich jeder selbst bedient.

Sauerampfer-Kartoffelsuppe

Dies ist ein sehr einfaches, schnelles Rezept. Statt Sauerampfer kann man auch Spinat, Petersilie, Kerbel oder Brunnenkresse verwenden. Die Kartoffel gibt dieser gesunden köstlichen Suppe die nötige Bindung.

1 großer Bund Sauerampfer, etwa 250 g
1 große Kartoffel
20 g Butter
1 mittelgroße Zwiebel, geschält
600 ml Hühner- oder Gemüsebrühe
Salz, Pfeffer
4 Eßlöffel geschnittener Schnittlauch, Schnittlauchblüten
Crème double oder Crème fraîche

Zubereitungszeit 45 Minuten, reicht für 4 Personen

Schnittlauch

1 Sauerampfer gründlich waschen, Kartoffel waschen und schälen. Die Butter in einem mittelgroßen Topf schmelzen.

Sauerampfer

2 Kartoffel und Zwiebel klein schneiden. Sauerampfer hacken und beiseite stellen. Kartoffel und Zwiebel in die heiße Butter geben und bei mittlerer Hitze unter Umrühren schmoren bis die Zwiebel glasig wird, ohne zu bräunen. Dies dauert etwa 8 Minuten.

Sauerampfer

OBEN: Sauerampfer ähnelt jungen Spinatblättern in Aussehen und Geschmack. Beide werden auf gleiche Weise zubereitet. Diese Sauerampfersuppe ist gehaltvoll und cremig, eine kräftige Vorspeise für Frühling und Herbst.

3 Den Sauerampfer zugeben, dann die Hühner- oder Gemüsebrühe. Zum Kochen bringen, die Hitze reduzieren, zugedeckt etwa 20 Minuten köcheln lassen.

4 Durch ein Sieb passieren oder im Mixer pürieren bis die Suppe schön cremig ist. Abschmecken. In Teller füllen, mit Schnittlauchröllchen und Blüten garnieren und die Sahne mit einem Eßlöffel spiralig in die Mitte geben.

Suppe mit Ei, Zitrone und Kerbel

Dies ist eine leichte, delikate Suppe mit einer schönen zart gelben Farbe, gut geeignet auch für Gäste, wenn man die allerbesten Zutaten und selbst gemachte Brühe verwendet. Kerbel ist ein sehr zartes, aromatisches Gewürzkraut mit leichtem Anisgeschmack. Dazu paßt Fladenbrot.

600 ml Hühnerbrühe
1 handvoll Kerbel
Saft einer Zitrone
2 Eigelb
Kerbel zum Garnieren

Zubereitungszeit 20 Minuten, reicht für 4 Personen

Den Kerbel in der Brühe etwa 10 Minuten köcheln lassen, dann absieben. Die Zitrone mit dem Eigelb verrühren. Einen Löffel Brühe zugeben, die Mischung mit der Brühe im Topf wieder erhitzen, aber nicht kochen, damit das Ei nicht gerinnt. Bei schwacher Hitze schlagen bis die Suppe dicklich wird. Mit Kerbelblättern bestreut sofort servieren.

Thailändische Fischsuppe mit Koriander

Für diese Suppe braucht man weißen, fest kochenden Fisch wie Kabeljau oder Heilbutt, der beim Kochen nicht zerfällt. Die Suppe kann Vorspeise für ein fernöstliches Menü oder Hauptgang sein. Sie ist fettarm und eiweißreich und schmeckt aromatisch und frisch.

750 ml Fischfond
1 cm frische Ingwerknolle, geschält und geraspelt
250 g festfleischiges weißes Fischfilet
etwa 2 Eßlöffel Maisstärke
2 Eiweiß, leicht geschlagen
3 Zucchini
Saft von 1 Limette und Schale als Dekoration
1 Eßlöffel frische, gehackte Korianderblätter
einige ganze Korianderblätter als Garnitur

Zubereitungszeit 45 Minuten, reicht für 4 Personen

Den Fischfond im voraus aus Fischabfällen kochen oder gekauften Fond verwenden. Zum Kochen bringen und den Ingwer zugeben. Fischfilet häuten und in Würfel schneiden. Die Würfel im Maismehl wälzen, dann im geschlagenen Eiweiß. Fisch in die Brühe geben und 5 Minuten pochieren bis er gar ist, nicht kochen lassen. Den Fisch herausnehmen und warmstellen. Zucchini schräg in Scheiben schneiden und 8 Minuten in der Brühe kochen. Limettensaft und gehackten Koriander zufügen, mit dem Fisch in eine Suppenschüssel geben und mit Korianderblättchen und Spiralen von Limettenschalen anrichten.

Koriander

UNTEN: *die Kombination aus Koriander und Ingwer gibt der Fischsuppe ihre Besonderheit. Mit ihren in der Konsistenz unterschiedlichen Zutaten ist sie auch ein Hauptgericht für besondere Gelegenheiten.*

OBEN: *Diese Suppe aus Ei, Zitrone und Kerbel ist kalorienarm, aber sie schmeckt so herzhaft, daß man nicht merkt, wie gesund sie ist. Sie schmeckt gut vor einem Fischgericht. Kerbel wird wie Petersilie verwendet, ist aber zarter im Geschmack und muß in größerer Menge verwendet werden.*

Salate

Salate gibt es heutzutage das ganze Jahr über oder es sollte sie geben. Sie können erfrischendes Zwischengericht, Vorspeise oder Beilage sein oder selbst das Hauptgericht bilden. Ein Salat kann aus einem einzigen Bestandteil oder aus einer wunderbaren, überraschenden Mischung verschiedenster Zutaten gemacht sein. Ganz gleich woraus er besteht, erst die Kräuter geben ihm Würze und Farbe. Es gab Zeiten, da bestanden Salate oft aus nichts als einer Mischung vieler verschiedener Kräuter, Blätter, Blütenknospen und Blumen. Heutzutage sind wir weniger mutig und verwenden Kräuter nur sparsam. Aber da wir inzwischen das ganze Jahr über alle Arten frischer Kräuter kaufen können, sollte der Kräutersalat vielleicht wieder eingeführt werden. Natürlich müssen die Kräuter dafür immer frisch sein. Hier haben getrocknete nichts zu suchen außer in der einen oder anderen Salatsauce.

UNTEN: Mut zu etwas Neuem verlangt diese Melone, gefüllt mit Honig, Fruchtsaft, Minze und Veilchen als erfrischende Vorspeise. Ausführliches Rezept Seite 30.

RECHTS: Ein Salat ist ohne frische Kräuter nicht komplett. Schon der einfachste Teller Blattsalat wird mit Kräutern delikat und sieht hübsch aus.

Marinierte Paprika mit Basilikum

Für alle, die den Geschmack von rohen Paprika nicht mögen, ist dieser Salat eine Entdeckung. Durch das Grillen bekommen die Paprika einen feinen Rauchgeschmack und werden butterzart. Sie eignen sich als Vorspeise oder als Beilage zu einem Hauptgang.

4 gelbe Paprikaschoten
4 rote Paprikaschoten
1 Eßlöffel gutes Olivenöl
1 Eßlöffel Rotweinessig
1 Bund Basilikum

Zubereitungszeit 20 Minuten, reicht für 4 Personen

Basilikum

1 Grill vorheizen. Die ganzen Paprika auf das Grillgitter legen und unter starker Hitze etwa 5 Minuten grillen oder im sehr heißen Backofen backen und gelegentlich wenden.

2 Wenn die Haut schrumpelt und stellenweise schwarz ist, die Paprika schnell in einen großen Plastikbeutel geben und darin abkühlen lassen.

3 Nun läßt sich die Haut ganz leicht abziehen. Die Schoten in längliche Streifen schneiden, dabei das Innere mit den Samen und den Stiel entfernen.

4 Die Paprikastreifen mit den Basilikumblättern auf einer flachen Platte anrichten und mit Essig und Öl beträufeln. Basilikum darüber streuen und eine Stunde ziehen lassen. Nicht zu kalt servieren.

Dreifarbiger Nudelsalat

Dieser Salat in den italienischen Nationalfarben sieht prächtig aus. Es ist ein sättigendes Gericht und eignet sich mit italienischem Brot, grünem Salat und Rotwein als sommerliche Hauptmahlzeit. Das Rezept läßt sich mit anderen Käsesorten und anderen Kräutern vielseitig abwandeln.

500 g Fusilli oder eine andere Nudelform
250 g Mozzarella
5 in Öl eingelegte, getrocknete Tomaten
125 g schwarze Oliven
150 ml Marinade (aus 3 Teilen Olivenöl Extra Vergine, 1 Teil Weinessig oder Zitronensaft, Salz, Pfeffer und etwas Senf)
5 Stiele Oregano
3 Stiele Basilikum

Zubereitungszeit 20 Minuten, reicht für 4 Personen

Oregano

1 Die Nudeln in reichlich kochendem Wasser etwa 12 Minuten »al dente« kochen, dann abgießen und mit reichlich kaltem Wasser abschrecken, damit sie nicht zusammenkleben und weiter garen. In eine große Schüssel füllen.

2 Mozzarella in kleine Würfel, die getrockneten Tomaten in Streifen schneiden. Oliven nach Belieben entsteinen. Die Zutaten für die Marinade in einer Flasche mischen, oder im Mixer verrühren.

3 Oregano und Basilikum klein schneiden oder hacken. Die abgekühlten Nudeln mit Käse, Oliven und Tomaten mischen, so viel Marinade darüber geben, daß sie die Nudeln dünn umgibt, dann die Kräuter zufügen. Gut mischen und zugedeckt bei Raumtemperatur etwa 1 Stunde bis zum Servieren ziehen lassen.

Salat mit Erdbeeren, Ziegenkäse und Süßdolde

*E*ine wundervolle Kombination: Die feine Süße der Marinade paßt ausgezeichnet zu den säuerlichen Erdbeeren. Alle grünen Blattsalate sind verwendbar, aber Frisé- oder Eichblattsalat sehen besonders hübsch aus. Als Käse eignen sich alle festeren Ziegenkäse, kleine Portionslaibe oder vom großen Stück geschnitten.

Zubereitungszeit 10 Minuten, reicht für 4 Personen

1 Frisé- oder Eichblattsalat
125 g Erdbeeren
125 g Ziegenkäse
1 Eßlöffel gehackte Süßdolde (*Myrrhis odorata*)

Pfefferminze

für die Marinade
1 Teelöffel Honig
etwas Senf
1 Eßlöffel Weißwein- oder Erdbeeressig
3 Eßlöffel Oliven-, Sonnenblumen- oder Traubenkernöl

Salat waschen und trockenschleudern. Erdbeeren waschen und längs in Scheiben schneiden. Käse in kleine Stücke schneiden. Zutaten für die Marinade verrühren und die Süßdolde zufügen. Über den Salat geben und gut mischen.

Tabbouleh-Salat

Diesen Salat gibt es in unterschiedlichen Versionen im ganzen Mittleren Osten. Petersilie und Minze sind die wichtigsten Zutaten und sollten geschmacklich vorherrschen. Man verwendet etwa doppelt so viel Petersilie und Minze wie Bulgur. Obwohl die Basis Getreide ist, ist der Salat köstlich leicht, erfrischend und zugleich sättigend. Bulgur ist grob geschroteter, vorbehandelter Weizen, der in Asienläden, aber auch in vielen Supermärkten angeboten wird.

3 reife Tomaten
1/2 Salatgurke
1 großer Bund glatte Petersilie
1 großer Bund Minze
4 Eßlöffel Olivenöl
3 Eßlöffel Zitronensaft
125 g Bulgur
5 Frühlingszwiebeln
Salz, Pfeffer

Zubereitungs- und Einweichzeit 2 1/2 Stunden
reicht für 4 bis 6 Personen

1 Tomaten und Gurke waschen, Kräuter abbrausen und trocken schleudern. Öl und Zitronensaft abmessen.

Petersilie

2 Bulgur in eine große Schüssel geben und mit reichlich kaltem Wasser übergießen. Zwei Stunden weichen lassen. Wenn er weich ist, gut abtropfen lassen und in eine Salatschüssel geben.

3 Tomaten und Gurke in kleine Würfel und Frühlingszwiebeln in Scheiben schneiden. Minze und Petersilie von Hand oder mit dem Mixer sehr fein hacken. Öl und Zitronensaft mischen.

4 Nun alle Zutaten sorgfältig vermischen, damit sich die Kräuter gut verteilen. Würzen. Wenn möglich etwa eine Stunde an einem kühlen Ort, aber nicht im Kühlschrank ziehen lassen. Vor dem Servieren nochmals abschmecken.

Mesclun

Dies ist ein französischer Salat aus dem Mittelalter für die heutige Zeit abgeändert. Heute ist das Angebot an Salatsorten so groß, daß man jeden Tag eine andere Mischung zusammenstellen kann. Ein Anteil bitterer Blätter gibt ihm eine besondere Note und so eignet er sich als Beilage zu allen Speisen oder als Zwischengericht.

Auswahl aus folgenden Zutaten in beliebiger Mischung: Salate wie Batavia, Radicchio, Kopfsalat, Eichblatt, Eisberg, Römer, Chicoree, Brunnenkresse, Ackersalat, Rauke, Frühlingszwiebeln, Endivien. Dazu Kräuter wie Liebstöckel, Petersilie, Basilikum, Blütenblätter von Ringelblumen, Kapuzinerkresse, Schnittlauch, Veilchen.

Die Marinade wird nach Belieben gefertigt, dazu kommt eine ausgepreßte Knoblauchzehe und etwas grober Senf.

Ringelblume

Melone mit Minze und Veilchen

Eine besonders erfrischende Art, eine Melone zu servieren und mehr ein Dessert als ein Salat. Man kann die Melone auch schälen, in Stücke schneiden und mit der Marinade übergießen.

2 Eßlöffel Honig
150 ml Wasser
1 Zweig Minze
150 ml Apfelsaft
1 Eßlöffel Zitronensaft
1 Eßlöffel gehackte Apfelminze
4 kleine Charentais- oder Ogenmelonen
frische Veilchenblüten als Dekoration

Zubereitungszeit 20 Minuten, reicht für 4 Personen

Den Honig im Wasser durch Erwärmen auflösen und mit dem Minzezweig 10 Minuten köcheln. Abkühlen lassen, Minze entfernen. Flüssigkeit mit Apfel- und Zitronensaft mischen. Gehackte Apfelminze zufügen. Von den Melonen eine Kappe abschneiden, Samen aus dem Innern entfernen und die Marinade einfüllen. Mit den Blüten dekorieren.

LINKS: Mesclun, ein altfranzösischer gemischter Salat, den man beliebig aus Salatsorten und Kräutern zusammenstellt und möglichst vielerlei Formen, Farben und Aromen mischt. Nur ganz frische Blätter verwenden.

Apfelminze

UNTEN: Diese wundervolle und ungewöhnliche Art, eine Melone zu servieren, eignet sich als Vorspeise oder als Dessert und schmeckt am besten an einem heißen Sommertag.

Brot und Kleingebäck

Selber backen macht Spaß und lohnt sich. Das Ergebnis ist hundertmal besser als alles, was es zu kaufen gibt, und welches Glücksgefühl, wenn der Duft von frischem warmem Brot das Haus durchzieht! Kräuter passen zu allen Arten von Gebäck, von der mit Rosmarin bestreuten italienischen Focaccia bis zu guten altmodischen Vollkornbrötchen mit Käse und Kräutern. Wenn die Zeit knapp ist, bessert man gekauftes Brot mit Kräutern auf. Wie Knoblauchbrot wird es in Folie gewickelt und mit Kräuterbutter im Ofen aufgebacken. Solche Kräuterbrote schmecken wunderbar zu allen Arten von Suppen oder als Beigabe zu einem Salat. Bewährte Brotrezepte lassen sich durch Zugabe von frischen oder getrockneten Kräutern variieren. Dabei kann man kaum etwas falsch machen und es können wunderbare neue Geschmacksrichtungen entstehen.

UNTEN: Kümmel ist ein hervorragendes Gewürz für Brot, Kuchen und Kekse. Die jungen fiedrigen Blättchen der Kümmelpflanze sind in Suppen und Salaten verwendbar.

RECHTS: Hausgemachtes Brot ist eine Köstlichkeit und wird mit frischen oder getrockneten Kräutern zur besonderen Delikatesse. Backen ist einfacher und schneller als man denkt.

Kümmel

Rosmarin-Focaccia

Rosmarin

450 g ungebleichtes Weizen-Vollkornmehl
1/2 Teelöffel Salz
1 Teelöffel Trockenhefe
etwa 250 ml warmes Wasser
etwa 5 Eßlöffel Olivenöl Extra Vergine
frischer Rosmarin
grobes Meersalz

Zubereitung und Backzeit 2 1/2 Stunden, reicht für 10–12 Personen

1 Mehl, Salz und Hefe in einer großen Schüssel mischen. Wasser und Öl in die Mitte geben. Mit einem Holzlöffel verrühren und dann mit den Händen zu einem Teig verarbeiten. Teig auf die Arbeitsplatte geben und mehrere Minuten kneten.

2 Teig zurück in die Schüssel geben, mit einem feuchten Tuch bedecken und an einem warmen Platz etwa eine Stunde gehen lassen, bis sich der Teig verdoppelt hat.

3 Teig aus der Schüssel nehmen und auf einem bemehlten Brett aufstoßen. Zu einem großen oder zwei kleineren flachen Kreisen auswellen und mit einem hölzernen Kochlöffelstiel gleichmäßig Löcher einstechen. Brote auf gefettete Backbleche legen, nochmals gehen lassen.

4 Backofen auf 220 °C, Gas Stufe 7 vorheizen. Wenn der Teig nochmals 20 Minuten gegangen ist, die Oberfläche mit reichlich Olivenöl bepinseln und mit Rosmarinblättchen und grobem Salz bestreuen. 30 Minuten backen, dann Hitze auf 180 °C, Gas Stufe 4 reduzieren und weitere 10 Minuten backen. Auf einem Drahtgitter abkühlen lassen und nochmals mit Öl bestreichen, damit die Kruste zart bleibt.

Tortillas mit Chili und Knoblauch

Es ist ganz einfach, selbst knusprige kleine Tortillas zu machen, und sie schmecken sogar besser als gekaufte. Die Chilimenge stimmt man auf den persönlichen Geschmack ab. Tortillas werden als Snack gereicht oder in Mexicosauce gedipt. Maismehl gibt es im Reformhaus, im Supermarkt und in Südamerika-Läden.

125 g mittelfeines oder grobes Maismehl
90 g einfaches Weizenmehl
1 Prise Salz
1 grüne Chilischote, sehr fein gehackt
1 Knoblauchzehe, gehäutet und zerdrückt
1 Eßlöffel Olivenöl
6 Eßlöffel Milch

Zubereitung und Backzeit 30 Minuten, ergibt etwa 40 Tortillas

Backofen auf 180 °C, Gas Stufe 4 vorheizen. Maismehl, Weizenmehl, Salz, Chilis, Knoblauch mischen. Nun das Öl, dann die Milch zufügen und alles zu einem weichen Teig verarbeiten. Einige Minuten auf der Arbeitsplatte kneten. Kleine, walnußgroße Stücke abteilen und zu dünnen Kreisen auswellen. Wer möchte, kann die Kreise vierteln. Die Teigteile auf ein geöltes Backblech legen und 15 Minuten backen. Dann noch heiß mit Öl bepinseln. Luftdicht in einer Dose aufbewahren.

Roggen-Haferbrot mit Kümmel

Kümmel dient seit Jahrhunderten als Gewürz für Brot und Salzgebäck. Kümmel und Roggen sind bewährte Partner und sehr schmackhaft. Als Hefe eignet sich am besten frische. Als Trockenhefe sollte man eine Sorte verwenden, die nicht mit den trockenen Zutaten vermischt, sondern mit Flüssigkeit angerührt wird.

Erste Stufe
2 Beutel Trockenhefe oder 50 g frische Hefe
750 ml warmes Wasser
2 Eßlöffel Honig
4 Eßlöffel Melasse oder dunkler Sirup
225 g Weizenmehl
225 g Weizen-Vollkornmehl

Zweite Stufe
4 Eßlöffel Sonnenblumenöl
abgeriebene Schale einer Orange
3 Teelöffel Salz
2 Eßlöffel Kümmel
175 g Haferflocken
425 g Roggenmehl
285 g Roggen-Vollkornmehl
1 Ei, mit 2 Eßlöffeln Wasser verschlagen zum Bestreichen
2 Eßlöffel Kümmel oder Haferschrot zum Bestreuen

Zubereitung und Backzeit 4 Stunden, ergibt 2 Laibe

Für die erste Stufe die Hefe mit warmem Wasser, Honig, Melasse oder Sirup mischen. Die beiden Mehlsorten zugeben und einige Minuten rühren. Zudecken und etwa 1 Stunde stehen lassen, bis sich Blasen zeigen. Für die zweite Stufe Orangenschale, Öl, Salz und Kümmel zugeben, die Haferflocken und das Roggenmehl unterrühren. Dann nach und nach das Vollkornmehl unterkneten. Wenn der Teig fester wird, auf die Arbeitsplatte geben. Einige Minuten weiterkneten. Teig bedecken und eine Stunde gehen lassen. Nochmals kneten, dann in zwei Teile schneiden und zwei runde Laibe formen. Mit Ei bestreichen und Kümmel oder Haferschrot aufstreuen. Backofen auf 220 °C, Gas Stufe 7, vorheizen. Teig etwa 40 Minuten ruhen lassen. Die Oberfläche der Laibe einschneiden und etwa eine Stunde backen. Die Brote müssen goldbraun sein und beim Beklopfen hohl klingen. Auf einem Drahtgitter abkühlen lassen.

RECHTS: Im Hintergrund Roggenbrot mit Kümmel, vorne Käsebrötchen mit Käse und Thymian.

Käsebrötchen mit Thymian

*H*ierzu wird ein kräftiger Käse benötigt. Die Brötchen werden nicht besonders locker, sind aber köstlich, wenn man sie aufschneidet, mit Butter bestreicht und noch warm ißt. Frischer Thymian ist am besten, aber auch trockener ist geeignet, dann verwendet man nur die halbe Menge.

250 g Weizen-Vollkornmehl
1 Teelöffel Backpulver
1 Prise Senfpulver
1 Prise Cayennepfeffer
125 g kräftiger Käse
50 g Butter
1 verquirltes Ei
1 Teelöffel fein gehackter Thymian
4-5 Eßlöffel Milch

Zubereitung und Backzeit 45 Minuten, ergibt etwa 15 Brötchen

1 Mehl, Backpulver und die Gewürze mischen. Backofen auf 200 °C, Gas Stufe 6 vorheizen. Käse reiben, ein Viertel zum Aufstreuen vor dem Backen beiseite stellen.

2 Butter in Flöckchen zum Mehl geben und mit den Händen zu kleinen Krümeln verarbeiten.

3 Verquirltes Ei und Thymian zum Teig geben und Milch und Käse mit einer Gabel unterheben. Der Teig soll weich aber nicht naß sein. Auf ein leicht bemehltes Brett geben und etwa 3 cm dick auswellen. Nicht zu stark bearbeiten. Mit einem Förmchen oder Glas runde Brötchen ausstechen. Die Reste zusammennehmen und nochmals auswellen.

4 Die Brötchen auf ein gefettetes Blech legen und mit etwas Milch bestreichen. Beiseite gelegten Käse und Thymian aufstreuen. Im vorgeheizten Backofen 15 bis 20 Minuten backen. Auf einem Drahtgitter etwas abkühlen lassen, und essen, solange sie noch warm sind.

Thymian

Käse, Saucen und Dips

Kräuter kommen wirklich voll zur Geltung, wenn sie mit dem milden Geschmack und der zarten Konsistenz von Käse, Saucen oder Dips kombiniert werden. Eine einfache Mayonnaise wird völlig verwandelt durch reichliche Zugabe frischer gehackter Kräuter wie Estragon, Basilikum, Brunnenkresse oder Sauerampfer. Man kann auch einzelne Kräuterarten mit etwas Öl pürieren und für Suppen, Ragouts und Saucen aller Art verwenden. Diese Zubereitungen kann man in kleine Behältnisse füllen und einige Tage kühl aufbewahren. Wer Zeit hat, sollte die Kräuter in einem Mörser zerreiben, nicht im Mixer zerhacken. Der langsamere Mahlvorgang schließt die Aromastoffe besser auf, weil die Blätter mehr gequetscht als gehackt werden. Sie behalten dabei auch ihre Farbe besser. Käse mit frischen Kräutern sind meist teuer wenn man sie kauft, sind zuhause aber so einfach zu machen, schmecken viel frischer und auch besser und kosten nur einen Bruchteil. Jede Art Frischkäse aus Kuh-, Ziegen- oder Schafmilch ist dafür verwendbar, der erhältlich ist.

OBEN: Knoblauch und Schnittlauch sind ideale Geschmackspartner für diesen cremigen Frischkäse, der besonders gut zu selbst gebackenem Brot, Knäckebrot oder Kräcker paßt. Rezept Seite 43.

RECHTS: Kräutermischungen in Öl sollte man immer beschriften und mit Datum versehen, wenn sie im Kühlschrank aufbewahrt werden, damit sie nicht zu lange lagern.

Senfsauce mit Dill

Diese köstliche Sauce ist der klassische Begleiter für Gravedlachs, der längst auch außerhalb Skandinaviens sehr beliebt ist. Sie paßt auch gut zu Räucherfisch oder mariniertem Fisch und hält im Kühlschrank einige Tage frisch. Dill ist ein einjähriges Kraut mit feinfiedrigen Blättchen und schmeckt nach Fenchel. Die Sauce wird nicht so fest wie reine Mayonnaise. Wer Angst hat, rohes Eigelb zu verwenden, kann es durch 25 g Tofu ersetzen.

1 Eigelb oder 25 g Tofu
2 Eßlöffel französischer Senf
1 Eßlöffel Zucker
150 ml Sonnenblumenöl
2 Eßlöffel Weißweinessig
1 Bund frischer Dill
Salz, Pfeffer

Zubereitungszeit 15 Minuten, reicht für 4 Personen

1 Eine so kleine Menge macht man am besten im Mörser oder in einer kleinen Schüssel. Zutaten abmessen und Sonnenblumenöl in ein Kännchen füllen, aus dem es tropfenweise in die Mischung geschüttet wird.

Petersilie

2 Eigelb oder Tofu, Senf und Zucker mit einem Spritzer Essig vermischen.

3 Nun Öl tropfenweise zugeben, dabei ständig rühren. Etwa nach der Hälfte den Rest in dünnem Strahl unterrühren, bis eine cremige Sauce entsteht. Dann den Essig zugeben und abschmecken.

4 Mit Salz und Pfeffer würzen und den gehackten Dill untermischen. Nochmals abschmecken und bei Bedarf mehr Kräuter oder Gewürze zugeben. Im Kühlschrank aufbewahren.

Dill

RECHTS: Der zarte Dill mit seinem aromatischen, und doch milden Geschmack ist ein idealer Partner für Fisch. Diese Senfsauce mit Dill schmeckt sehr gut zu allen Arten von Lachs.

Pesto

*P*esto ist eine besonders beliebte Sauce oder Paste geworden und wird inzwischen nicht nur für Nudelgerichte oder Suppen verwendet, sondern für alle möglichen Speisen. Hausgemachtes Pesto ist weit besser als jedes gekaufte, aber man braucht größere Mengen frisches Basilikum, damit sich die Zubereitung lohnt. Man kann Pesto kurze Zeit im Kühlschrank aufbewahren oder in kleinen Mengen einfrieren. Wer Geduld hat, sollte es mit Stößel und Mörser machen, aber auch mit dem Mixer ist es möglich.

1 bis 2 große Bunde Basilikum
2 Knoblauchzehen
50 g Pinienkerne
2 Eßlöffel geriebener Parmesan
250 ml Olivenöl Extra Vergine
grobes Salz und Pfeffer nach Geschmack

Zubereitung 15 Minuten, reicht für 4 Personen

Basilikum

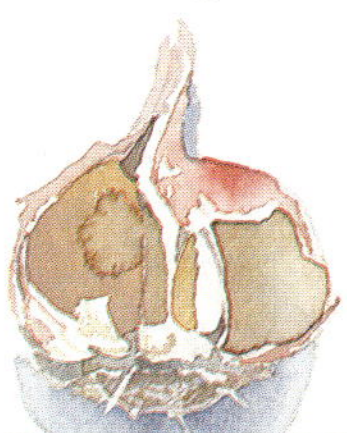

Knoblauch

1 Basilikumblätter von den Stielen zupfen und kleinschneiden. Knoblauch schälen.

2 Basilikum, Knoblauch und eine Prise Salz in den Mörser geben und gut zerstoßen.

3 Pinienkerne zugeben und zerstoßen bis sie zermahlen sind. Dann Käse zugeben und gut vermischen.

4 Nach und nach tropfenweise Öl zugeben bis eine cremige Masse entsteht. Nach Geschmack mit Salz und Pfeffer würzen.

Frischkäse mit Knoblauch und Kräutern

Diese Mischung erinnert an einen bekannten französischen Käse. Es empfiehlt sich, den Knoblauch zu blanchieren, damit er weniger scharf ist. Jede Art Frischkäse ist verwendbar, von der Doppelfettstufe bis zum Magerquark. Er sollte eine feste Konsistenz haben.

1 Knoblauchzehe
1 Prise Salz
1 Eßlöffel gehackte Petersilie
1 Eßlöffel geschnittener Schnittlauch
225 g Frischkäse
Salz, Pfeffer

Zubereitung 20 Minuten, reicht für 4 Personen

Knoblauch schälen und in kochendem Wasser etwa 3 Minuten blanchieren. Dann mit einer Prise Salz zerdrükken und mit den Kräutern unter den Käse rühren. Mit Salz und Pfeffer abschmecken. Die Mischung einige Stunden kalt stellen. Mit Kräcker oder Knäckebrot servieren.

Frischkäsebällchen mit Kräutern

*H*ierfür ist jeder Frischkäse geeignet, der fest genug ist, um sich kneten und formen zu lassen. Er sollte nicht zu salzig sein und nicht krümelig. Ziegenfrischkäse sind für diese Zubereitung besonders geeignet. Einige wickelt man in Weinblätter und läßt sie einige Stunden ziehen. Man kann sie auch mit Schnittlauchstielen umwickeln und mit einer frischen eßbaren Blüte verzieren (Kapuziner, Gänseblümchen). Die übrigen Bällchen werden in verschiedenen Kräutern gewälzt. Dann wird alles dekorativ auf Weinblättern angerichtet. Die Käsemenge ist abhängig von der Zahl, die gemacht werden soll.

Zubereitung 15 Minuten

Estragon

1 Gebraucht wird eine gute Menge Frischkäse, verschiedene Kräuter wie Schnittlauch, Kerbel, Petersilie, Estragon, Süßdolde.

Schnittlauch

2 Den Käse in der Hand und mit Hilfe eines Messers zu kleinen Bällchen formen und etwas flach drücken. Kräuter mit Messer oder Schere fein schneiden. Ein Mixer ist ungeeignet, weil die Kräuter zu stark zerquetscht werden.

3 Kräuter auf einen Teller geben und die Bällchen darin wälzen, Kräuter etwas andrücken. Auf einem Teller anrichten und bis zur Verwendung mit einem Tuch bedeckt kühl stellen.

Sahneeis und Sorbets

Der aromatische, manchmal scharfe Geschmack von Kräutern ist sehr wirkungsvoll in allerlei gefrorenen Süßspeisen. Kräuter mit Minze-, Zitronen-, Orangen- oder Rosenaroma sind besonders geeignet, weil sie gut zu der süßen und cremigen Eismasse passen. Kräuter mit kräftigerem, ausgeprägterem Geschmack ergeben wundervoll strenge, überraschend würzige Sorbets. Um wirklich gutes Kräuteraroma für Sahneeis und Sorbets zu bekommen, dürfen nur ganz frische Kräuter, und zwar reichliche Mengen, verwendet werden. Bei den meisten Rezepten müssen die Kräuter in heißem oder kaltem Sirup oder in der Eimasse angesetzt werden, damit sich die Aromastoffe darin lösen. Das ist dann die Basis für das Sorbet oder Eis. Manchmal werden zusätzlich frische Kräuter fein gehackt und der Masse vor dem Gefrieren zugegeben. Es ist durchaus möglich, Eis in befriedigender Qualität im Gefrierfach des Kühlschranks zu machen, indem man es zwischendurch immer wieder umrührt, um die Eiskristalle aufzubrechen. Im Eisbereiter entsteht aber eine bessere und cremigere Konsistenz und es ist natürlich viel bequemer.

Rose

RECHTS: Eis und Sorbets mit Kräutern schmecken wunderbar und sehen verführerisch aus, wenn sie mit Blüten verziert werden. Damit der Geschmack voll zur Geltung kommt, sollten die Kräuter immer frisch und in reichlichen Mengen verwendet werden.

Rosenblüteneis

Dieses Eis ist ganz köstlich. Das zarte Rosa ist sehr appetitlich und der Geschmack ganz leicht parfürmiert. Es sieht besonders hübsch aus, wenn es in eßbaren Schalen aus Mürbteig angerichtet wird. Auch mit frischen Sommerfrüchten wie Himbeeren, Kirschen oder Erdbeeren, die reifen, wenn die Rosen blühen, schmeckt es gut. Man verwendet stark duftende Blütenblätter von roten oder dunkelrosa bestimmt ungespritzten Gartenrosen.

375 ml Schlagsahne
125 ml Vollmilch
4 duftende Rosen
2 Eigelb
75 g Zucker
2 Teelöffel flüssiger Honig
2 Tropfen rosa Speisefarbe

Zubereitung und Gefrierzeit 2 1/2 Stunden
reicht für 4-6 Personen

1 *Sahne, Milch und Rosenblätter in einem Topf bis knapp zum Kochen erhitzen. Von der Kochstelle nehmen und zugedeckt kalt werden lassen.*

2 *Eigelb, Zucker und Honig in einer Schüssel cremig aufschlagen.*

3 *Die Rosenmilch in die Eicreme sieben und im kochenden Wasserbad oder bei sehr schwacher Hitze im Topf unter Rühren dicklich werden lassen, aber nicht kochen. Etwas Speisefarbe zufügen.*

4 *Die Eicreme abkühlen, dann gefrieren lassen oder in einen Eisbereiter geben. Im Tiefkühlgerät aufbewahren. Vor dem Servieren etwa 20 Minuten antauen lassen, damit die Eiscreme weich wird.*

Aprikoseneis mit Ringelblumen

Dieses goldfarbene Eis ist etwas für den Frühsommer, wenn die Ringelblumen blühen und die ersten Aprikosen auf den Markt kommen. Bei Ringelblumen gibt es für den Verzehr empfohlene Calendula-Sorten wie 'Tangerine Gem' oder 'Lemon Gem' und sie müssen natürlich ungespritzt sein.

500 g frische, reife Aprikosen
1 Vanilleschote
75 g Zucker
150 ml Wasser
150 ml Crème double
3 Ringelblumenköpfe

Zubereitung und Gefrierzeit 2 1/2 Stunden, reicht für 8 Personen

Aprikosen halbieren und entsteinen. Mit der Vanilleschote und wenig Wasser bei schwacher Hitze in einem Topf mit schwerem Boden garen. Dann die Vanilleschote entfernen. Früchte pürieren und durch ein Sieb streichen. Den Zucker im Wasser bei mittlerer Hitze auflösen. Zum Kochen bringen und in 10 Minuten zu einem dicken Sirup kochen. In das Püree einrühren und abkühlen lassen. Sahne steif schlagen und unter die Masse heben. Die Blütenblätter der Ringelblumen abzupfen und in die Masse geben. Im Eisbereiter oder im Tiefkühlfach gefrieren lassen.

Zitronen-Thymian-Sorbet

Sorbets basieren generell auf Zuckersirup mit Zitrone. Wenn das Sorbet fast gefroren ist, kann man es mit Eischnee von einem Ei aufschlagen. Das gibt dem Sorbet eine schaumige Konsistenz gegenüber der mehr körnigen Version mit kleinen Eiskristallen. Wer wegen rohem Eiweiß besorgt ist, kann pasteurisiertes Trockeneiweiß verwenden, das es zu kaufen gibt und ein guter Ersatz ist.

125 g Zucker
450 ml Wasser
Saft und Schale von 2 Zitronen
25 g frischer Zitronenthymian

Zubereitung und Gefrierzeit 2 1/2 Stunden, reicht für 4 Personen

1 Zucker in Wasser mit Zitronenschale in einem Topf mit schwerem Boden ohne Umrühren auflösen. Zum Kochen bringen und 5 Minuten stark kochen.

2 Topf von der Kochstelle nehmen und kurz in kaltes Wasser tauchen, um den Kochvorgang zu beenden. Thymianblättchen zum Sirup geben und vollständig abkühlen lassen.

LINKS: eine üppige Schale mit verschiedenen Eiscremes und Sorbets, verziert mit Minze und Johannisbeeren. Festlich wird das Glas durch die Efeuranke und die Rosenblüte.

Lavendel-Eis

Zitronenthymian

Es ist zunächst vielleicht ungewohnt, aber Lavendelblüten mit ihrem zarten Duft ergeben ein delikates Eis mit einem ungewöhnlichen Aroma. Es ist einfach zu machen, aus der klassischen Eiercreme als Basis, vermischt mit Sahne. Es wird mit Kleingebäck wie Makronen oder Eiswaffeln serviert.

4 Eigelb
75 g Zucker
200 ml Milch
6 Lavendelblüten
200 ml Schlagsahne

Zubereitung und Gefrierzeit 2 1/2 Stunden
reicht für 4 Personen

Eigelb und Zucker in einem Topf schaumig rühren. Milch mit den Lavendelblüten vorsichtig erhitzen und aufkochen, dann durch ein Sieb über den Eischaum gießen. Topf auf die Herdplatte stellen und bei schwacher Hitze unter stetem Rühren leicht cremig werden lassen. Nicht kochen. In eine Schüssel gießen und abkühlen lassen. Sahne steif schlagen und unter die kalte Eimasse heben. In einem Eisbereiter oder im Gefrierfach des Kühlschrankes gefrieren.

Lavendel

3 Flüssigkeit durch ein Sieb gießen, Zitronensaft zufügen. Gut abgekühlt im Eisfach des Kühlschranks gefrieren lassen, dabei während des Gefrierens mehrmals gut durchrühren oder das Sorbet in einem Eisbereiter herstellen.

RECHTS: Lavendeleis hat ein feines Aroma und eine zarte Farbe. Mit einem Lavendelzweig als Dekoration sieht es besonders appetitlich aus.

Kuchen und Torten

Wer es seltsam findet, für Kuchen, Kekse und Pralinen Kräuter zu verwenden, muß nur an den Geschmack von Pfefferminze denken, die in so vielen Süßwaren, Kuchen und Nachspeisen enthalten ist. Man denkt oft nicht daran, daß dieses Aroma von einer Pflanze stammt. Wir sind heutzutage bei der Verwendung von Kräutern recht einfallslos, verglichen mit den Köchen vergangener Zeiten, die sehr konträre Geschmacksrichtungen miteinander kombinierten. In der mittelalterlichen Küche wurden selbstverständlich in süßen und salzigen Gerichten Kräuter verwendet, im 19. Jahrhundert vor allem in Süßspeisen, basierend auf Sahne, Milch und Eiern. Ein einfacher Biskuitteig wurde in einer Form gebacken, in die ein oder zwei Duftgeranienblätter, ein Lorbeerblatt oder ein Zweig vom Zitronenstrauch gelegt waren. Ein feiner Hauch von Rosmarin oder Lavendel beispielsweise, gibt einem einfachen Rührkuchen eine ganz besondere Note.

RECHTS: Es gilt, alte Rezepte aus Großmutters Zeiten neu zu entdekken und Kräuter auch für Kuchen und Kleingebäck zu verwenden. Der neue Geschmack wird alle begeistern.

Creme-Torte mit Rosenblüten und Geranienblättern

Eine ausgefallene Torte für ein Sommerfest. Dazu eignen sich anstelle der herben Johannisbeeren auch alle anderen roten Beeren als Kontrast zu der Cremefüllung. Die oberste Schicht ist mit Puderzucker überstäubt und mit gezuckerten Johannisbeerrispen und Geranienblättern verziert.

Für die Tortenböden
4 Eier
150 g Puderzucker
75 g weißes Mehl
25 g Maizena
1/2 Teelöffel Backpulver
5 Blätter einer Duftgeranie, fein gehackt

Für die Füllung
500 ml Schlagsahne
50 g gesiebter Puderzucker
10 rosafarbene Rosenblätter, fein gehackt
125 g Rote Johannisbeeren
Johannisbeeren und Geranienblätter zur Verzierung

Zubereitung 45 Minuten, reicht für 6-8 Personen

Den Backofen auf 180 °C, Gas Stufe 4, vorheizen. Eier trennen und die Eigelb mit dem Zucker in einer Schüssel zu einer hellen schaumigen Masse rühren. In einer anderen Schüssel die Eiweiß steif schlagen, dann sorgfältig unter die Eimasse heben. Die beiden Mehlsorten und das Backpulver darüber sieben und mit den Geranienblättern mit der Eimasse mischen. Eine Springform mit 20 cm Durchmesser fetten und den Boden mit Backpapier auslegen. Teig in die Form füllen und auf mittlerer Schiene im vorgeheizten Backrohr etwa 25 Minuten backen bis der Kuchen gut aufgegangen und hellbraun ist. Aus der Form nehmen und auf einem Kuchengitter abkühlen lassen. Aus dem ausgekühlten Kuchen drei Lagen schneiden. Für die Füllung die Sahne steif schlagen, die Hälfte des Zuckers und die Rosenblätter unterheben, zuletzt die Beeren. Gut ein Drittel der Füllung auf den untersten Tortenboden streichen, den mittleren Boden auflegen, darüber ein weiteres Drittel Sahne und den dritten Boden. Rest der Sahne aufstreichen, mit Puderzucker übersieben und mit Beeren und Blättern verzieren. Bis zum Servieren kühl stellen.

RECHTS: Die Torte mit Rosen- und Geranienblättern ist ein Höhepunkt auf einer sommerlichen Festtafel. Zuckern der Beeren und Blätter siehe rechte Seite.

Gezuckerte Geranienblätter

Als Dekoration für Torten und Desserts werden kleine, schön geformte Blätter von Duftgeranien eingezuckert. Auch Minzeblätter und natürlich die verschiedensten Blütenblätter wie Rosen oder Veilchen eignen sich.

Zubereitung 15 Minuten für 20 Blätter

1 Die Blätter müssen trocken sein und sollten einen kurzen Stiel haben. Ein Eiweiß mit einer Gabel schaumig rühren, aber nicht schlagen. Mit einem feinen Malpinsel das Eiweiß beidseits auf ein Blatt auftragen.

2 Das Blatt schnell in ein Häufchen Zucker auf einem Teller tauchen und überschüssigen Zucker abschütteln. Es kann einfacher sein, den Zucker mit einem Löffel oder den Fingern über das Blatt rieseln zu lassen. Das Blatt muß ganz mit Zucker bedeckt sein.

3 Die gezuckerten Blätter nacheinander auf ein Kuchengitter legen und warm und trocken aufstellen bis die Blätter hart und steif geworden sind und der Zucker trocken ist.

Duftgeranie

Amerikanischer Angel Cake mit Apfelminze

Apfelminze

Der Angel Cake ist in Amerika ein beliebter Kuchen, federleicht und ganz hell. Er wird normalerweise in einer speziellen Form ähnlich einer Charlotteform gebacken. Die Form wird nur zu diesem Zweck verwendet und niemals gefettet. Wer keine solche Form hat, kann eine andere beschichtete und ungefettete Kuchenform verwenden.

125 g Mehl
25 g Maizena
5 Eiweiß von großen Eiern
150 g Zucker
Geriebene Schale einer halben Zitrone
1 Eßlöffel fein gehackte Apfelminze

Zubereitung 45 Minuten, reicht für 6 Personen

Backofen auf 180 °C, Gas Stufe 4 vorheizen. Mehl und Maizena mit 1 Eßlöffel Zucker sieben. Eiweiß sehr steif schlagen, dabei den restlichen Zucker einrieseln lassen. Mehl, Zitronenschale und Minze unterheben. Eine tiefe Kuchenform von 20 cm Durchmesser mit Backpapier auslegen oder eine Form mit Antihaftbeschichtung verwenden. Teig einfüllen und den Kuchen 35 bis 40 Minuten backen. Auf ein Kuchengitter stürzen, aber in der Form lassen bis er ausgekühlt ist. Mit Puderzucker bestreuen. Der Kuchen sollte bald gegessen werden, weil er sich nicht gut hält.

Veilchen-Meringuen

Diese köstlich aromatisierten Meringuen können mit Schlagsahne gefüllt werden. Der Sahne kann man etwas Veilchenlikör beimischen und die Meringuen mit Minze, Duftgeranien oder, je nach Jahreszeit mit Veilchen oder purpurfarbenen Stiefmütterchen verzieren.

3 Eiweiß
175 g Kristallzucker
40 g kandierte Veilchen
Lila Speisefarbe nach Belieben
150 ml Sahne
2 Eßlöffel Puderzucker nach Belieben

Zubereitung und Zeit zum Abkühlen 4 Stunden
Ergibt 10 Meringuen

1 Ein Backblech mit Backpapier auslegen. Backofen auf 140 °C, Gas Stufe 1, vorheizen.

2 Eiweiß in einer fettfreien Schüssel sehr steif schlagen bis man Spitzen hochziehen kann.

3 Den Zucker langsam nach und nach unterschlagen. Veilchen und Speisefarbe unterziehen. Mit zwei Eßlöffeln kleine ovale Häufchen formen und auf das Backblech setzen. Etwa 1 Stunde backen, dann den Backofen ausschalten und 1 Stunde darin auskühlen lassen. Dann einen Kochlöffelstiel in die Backofentür klemmen und das Gebäck so eine weitere Stunde auskühlen lassen. Meringuen aus dem Ofen nehmen. Sahne mit Puderzucker steif schlagen und jeweils zwischen zwei Meringuen streichen.

Wildes Stiefmütterchen

Minze

Angelika-Torte

Dieser üppige Butterkuchen enthält kleine Stückchen kandiertes Angelika, am besten selbst gemacht (Seite 79). Man kann ihn in einer Springform backen, in einer Kastenform oder in einer Ring- oder Savarinform. Der Kuchen schmeckt auch ohne Creme ausgezeichnet, man kann ihn aber mit Zitronen-Buttercreme oder mit Zuckerguß überziehen.

4 Eigelb
160 ml Sauerrahm oder Crème fraîche
100 g kandiertes Angelika
250 g Kristallzucker
250 g Mehl
1/2 Teelöffel Backpulver
1/2 Teelöffel Natron
1 Prise Salz
170 g weiche Butter
1/2 Teelöffel Vanillearoma

Zubereitung und Zeit zum Abkühlen 1 1/2 Stunden

Angelika, Engelwurz

1 Eine Springform mit Backpapier auskleiden oder Form mit Anti-Haft-Beschichtung verwenden. Eigelb mit 2 Eßlöffel Sauerrahm in einer Schüssel schaumig rühren. Angelika fein hacken.

2 In einer Rührschüssel Mehl, Zucker, Triebmittel und Salz mischen. Die weiche Butter, den restlichen Sauerrahm und das Vanillearoma zugeben.

3 Gut schaumig schlagen. Dann nach und nach die Eimischung zugeben und jeweils kräftig weiterrühren.

4 Kandiertes Angelika unterziehen. Teig in die vorbereitete Backform füllen und bei 180 °C, Gas Stufe 4, etwa 45 Minuten backen.

5 In der Form 20 Minuten abkühlen lassen, dann auf ein Kuchengitter setzen und nach Belieben mit Buttercreme oder Zuckerguß bestreichen.

Kräutertees und kühle Getränke

Wohltuende heiße Kräutertees oder erfrischende Sommergetränke, raffinierte Bowlen und Kräuterweine beziehen ihren charakteristischen Geschmack von Kräutern. Man gießt frische oder getrocknete Kräuter mit kochendem Wasser auf und läßt sie ziehen. Der durch ein Sieb gegossene Sud ergibt je nach Kraut einen bekömmlichen Schlaftrunk, einen Digestif nach dem Essen oder einen Muntermacher. Kamille wirkt entspannend, Pfefferminze ist gut für die Verdauung und viele Aufgüsse wirken heilend und entspannend zugleich. Mit Kräutern kann man Drinks garnieren und eine fertige Mischung aromatisieren. Kein Pfefferminz-Julep kommt ohne frische Minze, kein Pimm's ohne Boretsch aus. Im Biedermeier trank man zu Sommerfesten und im Freien leichte Bowlen und alle bekamen durch Kräuter Geschmack und Eleganz. Waldmeister gab der Waldmeisterbowle seine besondere Note, und Kindern und Nichttrinkern aromatisierte die Ingwerminze das prickelnde Ingwerbier. Zitronenmelisse ist eine köstliche Beigabe zu hausgemachter Limonade, aber auch gekaufte bekommt damit viel mehr Geschmack. Aromatisierte Tees sind einfach herzustellen und hervorragende Geschenke. Verwenden Sie immer einen guten indischen oder chinesischen Tee als Basis und entwickeln Sie mit Kräutern und Blüten Ihre ganz persönliche Mischung.

Unten: Je nach den Kräutern, die verwendet werden, können Kräutertees eine natürliche Süße haben oder eher bitter schmecken.

Rechts: Kräutertees haben eine große Tradition als Heilmittel. Sie lindern, beruhigen oder stärken je nach verwendetem Kraut.

Rosenblütentee

Mit Blüten aromatisierter Tee ist überall erhältlich, aber es ist wirtschaftlich und vergnüglich, ihn selbst zu machen. Wie die meisten chinesischen Tees sollte er ohne Milch getrunken werden und eignet sich zum Nachmittagstee oder zu chinesischen oder anderen asiatischen Gerichten.

2 Eßlöffel getrocknete Rosenblätter (rosa oder rot)
125 g Chinesischer Tee (z.B. Oolong oder Keemun)

1 Wenn die Rosen als ganze Blüten getrocknet sind, die Blütenblätter abstreifen und nur die größten äußeren verwenden.

2 Blütenblätter auf die Teeblätter streuen und miteinander vermischen.

3 Tee zur Aufbewahrung oder zum Verschenken in geeignete Behältnisse abfüllen. Spanschachteln oder Pappschächtelchen sind gut dafür.

4 Zum Verschenken wird die Schachtel mit einem Seidenband und einer getrockneten Rose verziert.

Auf die gleiche Weise kann man mit Jasmin, Hibiskus oder Orangenblüten Tee machen. Jasmin hat ein starkes Aroma, deshalb nur halb so viel wie von den anderen Blütenblättern verwenden. Da Blüten oft je nach Herkunft und Frische einen sehr unterschiedlich starken Duft haben, ist es sinnvoll, die Mischung auszuprobieren.

Kamille

Drei Kräutertees

Kräutertees bereitet man wie indischen oder chinesischen Tee zu. Für eine einzelne Tasse ist es gut, ein Tee-Ei zu verwenden. Darüber gießt man kochendes Wasser, läßt so lange ziehen, bis der Tee die richtige Stärke hat. Sonst nimmt man eine kleine Teekanne, die nur für Kräutertee verwendet wird und gibt etwa einen Löffel Tee pro Person hinein. Kamille ergibt einen hellgoldenen Aufguß, Purpursalbei und Melisse sind dunkler und gut gegen rauhen Hals und Husten. Jasmintee ist besonders aromatisch und ist gut zu scharf gewürzten Speisen oder nach der Mahlzeit.

Rechts: Drei Kräutertees, oben ein Kamillenaufguß, links Rosenblütentee und rechts der besonders aromatische Jasmintee.

Limonade mit Zitronenmelisse

Eine einfache Zitronenlimonade, aber mit dem zusätzlichen Aroma von Zitronenmelisse. Das ist eine unkomplizierte Staude, die große Büsche bildet, wo sie sich wohlfühlt. Sie kann sich aber auch im ganzen Garten aussäen. Zur Blütezeit ziehen ihre hübschen weißen Blüten Schwärme von Bienen an. Die Limonade serviert man gut gekühlt und sie schmeckt Groß und Klein. Nach Geschmack kann man sie noch nachsüßen.

4 ungespritzte Zitronen
ein kleiner Bund Zitronenmelisse
125 g Zucker
150 ml kochendes Wasser
600 ml frisches, kaltes Wasser
einige Blättchen zur Dekoration

Zubereitung und Kühlzeit 2 Stunden, ergibt etwa 1 Liter

1 Zitronen sorgfältig waschen und die Schale möglichst dünn abschälen ohne das weiße Innere.

Zitronenmelisse

2 Zitronenschale in ein hitzebeständiges Gefäß geben, dazu die abgezupften Melissenblättchen und den Zucker. Das kochende Wasser darüber gießen, gut umrühren, dabei die Blättchen zerdrücken. Ziehen lassen.

3 Zitronen halbieren und auspressen. Ein paar frische Melissenblättchen in einen großen Glaskrug geben, den Zitronensaft über ein Sieb hineingießen und ebenso den abgekühlten Sirup. Mit Wasser auffüllen oder mit der Hälfte Wasser, der Hälfte Eiswürfel.

Sommerliche Waldmeisterbowle

Waldmeister ist ein hübsches, unkompliziertes Kraut, dessen kleine weiße, sternförmige Blütchen im Frühsommer blühen. Wenn er geschnitten wird und trocknet, entwickelt er einen feinen Duft nach frisch gemähtem Heu. Es ist ein traditionelles Kraut für sommerliche Getränke mit und ohne Alkohol.

2 Teelöffel Zucker
1 Bund Waldmeister
Saft von einer Zitrone
Saft von einer Orange
1 Flasche gekühlter Weißwein, halbtrocken
2 Eßlöffel Cognac
1 Eßlöffel Cointreau
1 kleine Flasche gekühltes sprudelndes Mineralwasser
125 g Erdbeeren
2 kleine Streifen Gurkenschale

Zubereitung 30 Minuten, ergibt etwa 2 Liter

Den Zucker in etwas kochendem Wasser auflösen und den Waldmeister bis auf ein paar Zweige zugeben und abkühlen lassen. Durch ein Sieb in ein Bowlengefäß gießen, ebenso den Zitronen- und Orangensaft. Wein, Cognac und Cointreau zugeben und mit dem eisgekühlten Mineralwasser aufgießen. Erdbeeren klein schneiden und mit den in lange dünne Streifen geschnittenen Gurkenschalen und restlichen Waldmeisterzweigen ins Gefäß geben. Gut umrühren und sofort servieren.

Links: Ein Krug mit durststillender Zitronenlimonade und ein Glas mit Waldmeisterbowle, ein alkoholfreies und ein alkoholisches Getränk, ideal für eine sommerliche Party.

Waldmeister

Sirup und Liköre

Kräuter werden in vielerlei Arten von Getränken verwendet, ursprünglich zweifellos aus gesundheitlichen oder medizinischen Gründen, heute aber einfach wegen des Geschmacks. Chartreuse, beispielsweise, ist nur einer der berühmten Marken-Liköre, der auf dem Aroma mehrerer Kräuter basiert. Das Rezept wurde immer streng geheim gehalten. Die Franzosen stellen seit langem delikate Liköre aus klaren Wässern oder Weinbrand mit allen Arten von Kräutern, Obst und Beeren her. Das ist sehr einfach nachzumachen und das Ergebnis ist ungleich besser als mancher hausgemachte Wein, dessen Herstellung zeitaufwendig ist und nicht immer gelingt. Dazu braucht man Wodka, Gin oder Weinbrand, um sie mit den Aromen zu versetzen, aber dafür eignet sich die billigste Sorte, die aufzutreiben ist. Auch Sirups können aus Kräutern gemacht werden, die verdünnt erfrischende sommerliche Getränke ergeben. Sie sind gesünder und billiger als die im Handel angebotenen, es macht Spaß, sie zu machen, und vor allem weiß man, woraus sie sind. Am bekanntesten ist vielleicht der Holundersirup. Auf dem Land wurden Holunderblüten und -beeren dieses weit verbreiteten Gehölzes schon immer verwertet, und was immer man daraus macht, ist köstlich. Holundersekt ist etwas diffiziler in der Herstellung und endet oft mit geplatzten Flaschen und klebrigen Vorratsregalen. Am besten kommt das Aroma in Sirup zur Geltung, der nach Geschmack verdünnt oder mit Mineralwasser oder Sekt aufgegossen werden kann.

Weißdorn

RECHTS: Kräuterliköre und Essenzen sind ganz einfach herzustellen und haben ein viel besseres Aroma als vergleichbare Handelsprodukte. Zur Aufbewahrung sollte man hübsche Flaschen sammeln.

Kräuterlikör mit Zitrone

Es gibt unendlich viele verschiedene Kräuterliköre, sei es aus einem einzigen Kraut oder aus einer Mischung mehrerer Kräuter und anderen Gewürzen.
Die Zutaten für diesen Likör läßt man im Alkohol möglichst lange ziehen und süßt erst danach mit Zuckersirup nach Geschmack. Manche mögen ihn auch ungesüßt. Die Zutaten sind nur Empfehlungen. Man kann sie nach Belieben in der Menge abändern oder die eine oder andere weglassen.

1 Liter Wodka
2 Gewürznelken
1 ungespritzte Clementine, gut gewaschen
1 ungespritzte Zitrone, gut gewaschen
1 ungespritzte Limette, gut gewaschen
2 Vanilleschoten
2 Zimtstangen
6 Kardamomschoten
etwa 125 g frischer Estragon
1 Zweig Rosmarin

Ergibt etwa 1 Liter

1 Nelken in die Clementine stecken und in ein 1 1/2 Liter-Glas mit weiter Öffnung und gutem Verschluß geben.

2 Limette und Zitrone sehr dünn abschälen, möglichst wenig der weißen Innenschale mit erfassen. Schalen ins Glas geben.

3 Übrige Zutaten zugeben und mit dem Wodka auffüllen. Wenigstens 12 Wochen ziehen lassen. Dann absieben, probieren und nach Geschmack süßen.

Estragon

Holundersirup

*D*er Sirup wird in sterilisierte Flaschen oder Gläser abgefüllt und im Kühlschrank aufbewahrt. Zum Trinken wird er nach Geschmack mit Wasser, Mineralwasser, Limonade oder einem beliebigen anderen Getränk aufgegossen. Der säuerliche Sirup mit seinem Muskatgeschmack paßt auch als Sauce zu Desserts oder für Cocktails. Zitronensäure ist in vielen Supermärkten, in türkischen Geschäften aber auch in Apotheken zu bekommen.

2 ungespritzte Zitronen
200 g Zucker
600 ml Wasser
6 Dolden Holunderblüten
2 Teelöffel Zitronensäure

Ergibt etwa 600 ml

Zitronen waschen und schälen. Halbieren und den Saft auspressen und durchsieben. Zucker und Wasser in einem Topf zum Kochen bringen. Die gesäuberten, gewaschenen Holunderblüten zugeben und 10 Minuten schwach köcheln lassen. Zitronenschale zugeben und darin abkühlen lassen. Sirup durchsieben. Zitronensäure im Zitronensaft auflösen und zum Sirup geben. In Flaschen abfüllen und im Kühlschrank aufbewahren. Nach Geschmack verdünnen.

LINKS: *Holunderblüten haben roh einen bitteren, etwas scharfen Geschmack, aber als Aufguß schmecken sie ein wenig wie Trauben.*

Holunder

Weißdornlikör

Dieser Likör ist ein Getränk für den Frühling, wenn der Weißdorn blüht: Die Blüten pflücken und Staub und Insekten abschütteln. Möglichst nicht waschen. Blüten in ein Glas mit weiter Öffnung geben und mit einer Flasche einfachem Koch-Branntwein auffüllen. 3 Eßlöffel Zucker in wenig kochendem Wasser auflösen und ins Glas geben. Verschließen und gut schütteln. An einem dunklen, kühlen Ort zwei bis drei Monate ruhen lassen und gelegentlich schütteln. Dann durchsieben und nach Belieben mit Zukker- oder Glukosesirup süßen.

RECHTS: Rosenlikör kann man nach einem Essen servieren oder an Stelle von Rum zum Würzen von Gebäck oder Eiscreme verwenden.

Heckenrose

Rosenlikör

Ausreichend viele duftende Rosenblätter, um ein Glas mit Schraubdeckel zu füllen
Branntwein zum Auffüllen
Zuckersirup aus 250 ml Wasser auf 500 g Zucker
Einige frische Rosenblätter

Die Rosenblätter locker in das Glas füllen und mit dem Branntwein aufgießen. Glas verschließen und etwa einen Monat stehen lassen, gelegentlich schütteln. Dann den Sirup aufkochen und etwa 125 g frische Rosenblätter zugeben. Durchsieben und zu dem Branntwein geben. Eine weitere Woche stehen lassen, dann durch ein Mulltuch in eine gut gereinigte Flasche abfüllen.

Auf ähnliche Weise lassen sich die verschiedensten Liköre mit den unterschiedlichsten Geschmacksrichtungen herstellen. Viele Kräuter und Blüten sind verwendbar wie Rosmarin, Veilchen, Nelken, Boretsch und die verschiedensten Minzearten. Früher machte man aus jungen Buchenblättern einen Likör mit Nuß- und Mandelgeschmack.

Geschenke aus der Küche

Aus Kräutern können hübsche und nützliche Geschenke entstehen, die Empfängern wie Herstellern gleichermaßen Freude machen. Eßbare Geschenke sind immer willkommen und sind Zeichen von Liebe und Zuneigung, wenn sie selbstgemacht sind. Ein kleines Glas besondere Marmelade oder Gelee ist ein Genuß. Heutzutage nehmen sich nicht viele Menschen die Zeit, selbst einzukochen, dabei ist Selbstgemachtes so gut. Wenn der Garten im Sommer und Frühherbst von Kräutern überquillt, kann man in mehreren Serien in Folge Kräutergelees kochen. Man verwendet kräftige Früchte als Basis, wie Kochäpfel oder Stachelbeeren und füllt in möglichst kleine Gläser ab, die bei ein oder zwei Mahlzeiten leer werden. Im Winter schmecken diese Marmeladen auch köstlich zu Wild, kaltem Braten oder Käse.

Aromatisiertes Öl und Kräuteressig sind weitere Geschenke. Sie sind höchst einfach herzustellen und verglichen mit gekauftem doch etwas besonderes, wenn man sie in hübsche Flaschen füllt und mit einem dekorativen Etikett versieht. Die Zutaten kann man selbst bestimmen, aber es sollten nur die besten sein, denn das macht den entscheidenden Unterschied. Chutneys zu kochen, ist besonders kreativ, denn hier kommt es nicht so sehr auf exakte Mengen und Zutaten an und man kann allerlei Gewürze, Kräuter und Aromen ausprobieren und eigene Spezialitäten kreieren.

Weitere Möglichkeiten für Geschenke sind Gewürzsträußchen aus getrockneten Kräutern, aufgefädelte Lorbeerblätter oder Kränzchen aus Salbei oder Rosmarin.

Kekse und Happen sind ein weiterer Bereich, in dem Rezepte durch Kräuter bereichert werden. Hübsch verpackt sind es wundervolle Geschenke, etwa zu Weihnachten, wo Gutes für Gäste immer besonders willkommen ist.

RECHTS: Mit Kräutern eingelegte Gemüse, Kräuteressig, Salzgebäck sind liebenswerte Geschenke für Verwandte und gute Freunde, vor allem wenn alles in schönen Gläsern, Schachteln und Dosen zierlich verpackt und mit Schnur oder Bändern verziert ist.

Tomaten-Paprika-Chutney mit Koriander

Ein wundervoll würziges, rotes Chutney. Die Mengen paßt man dem Bedarf an, gewürzt wird nach Geschmack. Das Chutney wird in kleine Gläser mit Schraubdeckel gefüllt, die dann mit einem hübschen Stück Stoff oder appetitlichem Packpapier bedeckt und mit bunter Schnur zugebunden werden. Das Chutney sollte ein paar Wochen ziehen.

2 Knoblauchzehen
2 Teelöffel Senfkörner
500 g reife Tomaten
1 große Zwiebel
500 g rote Paprika
300 g brauner Zucker
300 ml Weißweinessig
1/2 Teelöffel Ingwerpulver
1/2 Teelöffel Paprika
1/2 Teelöffel Kurkuma
1 Eßlöffel Salz
1 Bund frisches Korianderkraut

Zubereitung 2 Stunden, ergibt etwa 1 Liter

1 Kleine saubere, gut schließende Gläser bereitstellen. Zum Kochen braucht man einen schweren, säureunempfindlichen Topf. Knoblauch schälen und fein hacken. Senfkörner in einem Mörser etwas zerdrücken.

Koriander

2 Tomaten für 2 Minuten in kochendes Wasser legen. Herausnehmen und kalt abspülen. Nun lassen sie sich einfach häuten. Grob zerkleinern. Zwiebeln kleinschneiden.

LINKS: Das würzige Chutney aus Tomaten, Paprika und Koriander paßt ausgezeichnet zu gebratenem oder gegrilltem Fleisch und Fisch.

Koriander

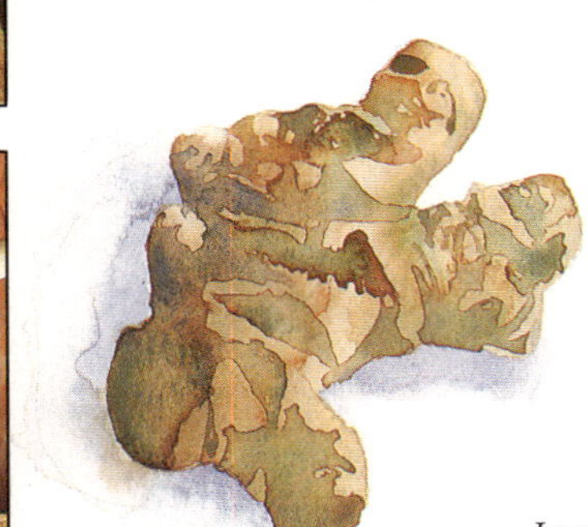

Ingwer

3 Alles außer dem Koriander in den Topf geben und langsam zum Kochen bringen. Etwa 1 Stunde leicht köcheln lassen, bis das Chutney dick und musig wird. Den Koriander klein schneiden und untermischen, und das Chutney heiß bis 5 mm unter dem Rand in die Gläser füllen. Ränder abwischen und mit den Deckeln fest verschließen. Die Gläser auf das Gitter im Einkochtopf stellen und bis 5 cm unter dem Gläserrand mit kochendem Wasser auffüllen, zudecken und 15 Minuten kochen. Wenn nötig, die Hitze reduzieren. Gläser aus dem Wasser nehmen und abkühlen lassen. Erst dann die Weckklammern entfernen.

Käsestangen mit Mohn

Für dieses leichte, knusprige Käsegebäck eignen sich alle Hartkäsesorten, die ein wenig würzig sind, auch Reste aus dem Vorrat. Die Käsestangen sollten noch warm gegessen oder kurz aufgebacken werden und sie schmecken gut zum Aperitif oder zum Wein.

225 g Mehl
1 Prise Salz
1 Prise Cayennepfeffer
100 g Butter
50 g fein geriebener, reifer Hartkäse
50 g fein geriebener Parmesan
2 Eßlöffel Mohnsaat
2 Eier, verquirlt

Zubereitung 45 Minuten. Ergibt 40-50 Stück

Mehl mit Salz und Cayennepfeffer sieben. Die Butter in Flocken unter das Mehl mischen und mit den Händen zerkrümeln. Käse zufügen und gut vermischen. Die Hälfte des Mohns zugeben. Mit soviel Ei verkneten, daß ein fester Teig entsteht. Das restliche Ei beiseitestellen. Backofen auf 200 °C, Gas Stufe 6, vorheizen. Den Teig auf ein bemehltes Brett geben und leicht durchkneten. Teig 5 mm dick ausrollen und mit dem Teigrädchen in etwa 7 cm lange, 1 cm breite Streifen schneiden. Mit dem restlichen Ei bestreichen und mit dem Mohn bestreuen. Auf ein gefettetes Backblech legen und 8 bis 10 Minuten backen, bis die Streifen goldgelb sind. Auf einem Gitter abkühlen lassen. Noch warm servieren oder zum Verschenken luftdicht in Dosen verpacken.

Kräutergelee

Nach diesem Grundrezept lassen sich die verschiedensten Kräutergelees bereiten. Geeignet sind Thymian, Zitronenthymian, Lavendel, Rosmarin, Majoran, Minze, Zitronenmelisse, Salbei und Estragon. Man füllt das Gelee in kleine Gläschen und gibt auf dem Etikett die Kräuter an.

1 kg Kochäpfel (Fallobst)
etwa 300 ml Wasser
etwa 500 g Zucker
Saft von 1 Zitrone
3 Eßlöffel frische Kräuter
etwas Weißweinessig nach Geschmack

Zubereitung 2 Stunden + Abtropfzeit über Nacht
ergibt etwa 1 Liter

1 Kleine Marmeladengläser vorbereiten. Die Äpfel grob zerkleinern, nicht schälen, Kerngehäuse und Stiele belassen. Mit dem Wasser in einem Kochtopf mit schwerem Boden langsam kochen lassen, bis die Äpfel zerfallen und weich sind. Aufpassen, daß die Äpfel nicht ansetzen.

Zitronen-
strauch

LINKS: *Kräutergelees mit verschiedenen Kräutern sind ideale Beigaben zu vielerlei Fleischgerichten, zu kaltem Braten, Schinken oder Wurst.*

3 Den Saft abmessen und auf 600 ml Saft 500 g Zucker, den Zitronensaft und die gehackten Kräuter geben. Zu Minze oder Zitronenmelisse kann man nach Belieben auch 1 Eßlöffel Essig zufügen. Alles in einen Topf mit schwerem Boden geben, zum Kochen bringen und unter Rühren kräftig bis zum Gelieren kochen, oder mit Geliermittel nach Anweisung des Herstellers aufkochen. Noch heiß bis 5 mm unter dem Rand in die Gläser füllen, die Ränder säubern und die Gläser gut verschließen. Auskühlen lassen, dann beschriften und wie Marmelade aufbewahren.

2 Die weichen Äpfel in einem Tuch oder Mullsack über Nacht oder einige Stunden abtropfen lassen, den Saft auffangen. Nicht auspressen, damit der Saft nicht trüb wird. Saftmenge abmessen.

Salbei

Rosmarin

Kräuteressig

Kräuteressig ist ganz einfach zu machen, ein attraktives Geschenk und eine wundervolle Ergänzung für jedes Vorratsregal. Jedes Kraut ist geeignet. Man kann außerdem Knoblauch, Chilies, ganze Gewürze und anderes dazugeben. Es gibt klassische Kräuter für Essig wie Estragon, der unverzichtbar ist für aufgeschlagene Saucen zu Fisch und Fleisch. Basilikum ist köstlich für Salatsaucen, und Knoblauchessig ist besonders vielseitig verwendbar: da und dort kommt ein Tropfen in Saucen, Suppen oder Ragouts. Auch Blüten von Schnittlauch, Thymian, Schlüsselblumen, Veilchen, Kapuzinerkresse und Ringelblumen, die dem Essig eine schöne Farbe geben, kann man verwenden. Am besten eignet sich sehr heller Wein- oder Apfelweinessig als Grundlage und für kräftigere Gewürze Rotweinessig.

Den Essig aufkochen. Ganze Zweige oder Blättchen von frischen Kräutern in sterilisierte, weithalsige Flaschen oder Gläser geben und mit dem heißen Essig bis 5 mm unter dem Rand füllen. Die Ränder säubern und die Flaschen fest verschließen. Die abgekühlten Flaschen oder Gläser beschriften und an einem kühlen, dunklen Platz einige Wochen ziehen lassen. Dann werden die Kräuter, die sich inzwischen entfärbt haben, entfernt und der Essig wird in frisch sterilisierte Flaschen abgesiebt. Nach Belieben gibt man nochmals ein paar frische Kräuter oder Blüten als Dekoration hinein. Als Richtlinie gelten folgende Mengen auf 600 ml Essig: 2 Stiele Estragon, 14 Eßlöffel Basilikum, 4 große Knoblauchzehen, 10 Lorbeerblätter, 300 g Holunderblüten, 300 g Rosenblätter oder 30 Lavendelblüten.

Links: *Kräuteressig muß immer kühl und dunkel gelagert werden, damit er sein Aroma bewahrt. Beim Verschenken sollte man dies betonen.*

Oben: *Estragonessig ist ein klassischer Kräuteressig. Eine Knoblauchzehe, die man zum heißen Essig gibt, verstärkt das Aroma.*

Kandiertes Angelika

Es gibt verschiedene Methoden, Angelika zu kandieren, immer muß es aber mit grünen Blättern gekocht werden, damit die grüne Farbe erhalten bleibt. Wer kein Angelika im Garten hat, kann kandiertes Angelika in einer guten Confiserie oder Bäckerei kaufen. Auch Glukose-Sirup ist dort erhältlich oder in der Apotheke. Kandiertes Angelika ist teuer, deshalb ist hausgemachtes ein schönes Geschenk.

450 g Wirsingblätter oder frische Weinblätter
450 g Angelikastiele, geputzt und gewaschen und in 15 cm lange Stücke geschnitten
4 Eßlöffel Wein- oder Apfelweinessig
500 g Zucker
1 Eßlöffel Glukose-Sirup
125 g Puderzucker

Zubereitung 2 1/2 Tage, ergibt 500 g

Einen Topf mit schwerem Boden abwechselnd mit einer Lage Blätter und einer Lage Angelikastiele bedecken, oberste Lage Blätter. Mit Essig und 600 ml Wasser 2 Stunden leicht köcheln lassen. Dann abkühlen, Blätter entfernen. Die Angelikastiele sollten nun kräftig grün sein. Abtropfen lassen und in eine große Schüssel geben. Zucker und Glukose-Sirup mit 250 ml Wasser in einem Topf ohne Rühren 10 Minuten kochen, dann sofort über die Stiele gießen. Vorsichtig wenden, damit alle Stiele vom Sirup getränkt werden. Schüssel zudecken und 12 Stunden kühl stellen. Dann die Stiele abtropfen lassen, den Sirup auffangen, nochmals 5 Minuten kochen und wieder über die Stiele gießen. Weitere 12 Stunden zugedeckt stehen lassen. Dann Angelika mit dem Sirup in den Topf geben und etwa 20 Minuten schwach kochen lassen, weiteren Sirup zufügen, wenn die Masse zu trocken wird. Von der Kochstelle nehmen und auf einem Drahtgitter abkühlen lassen. In 7 cm lange Stücke schneiden und mit reichlich Puderzucker überstäuben. In einer luftdichten Metalldose, ausgelegt mit Pergamentpapier aufbewahren.

Angelika

Duft aus Kräutern und Ölen

Kräuter gegen Schädlinge

Eine der vielen guten Eigenschaften mancher Kräuter ist ihre Fähigkeit, unerwünschte Insekten fernzuhalten. In unseren säuberlichen, zentralgeheizten Wohnungen leiden wir heute nicht mehr in dem Maß unter Insekteninvasionen wie die Menschen früher, aber Kleidermotten finden noch immer ihren Weg in die Schränke und von Zeit zu Zeit leiden unsere Hunde und Katzen unter Flöhen. An heißen Sommertagen belästigen uns Fliegen, verschmutzen die Fensterscheiben und lassen sich auf Nahrungsmitteln nieder, und auf dem Land kommen im Herbst und Winter Mäuse ins Haus.

Gegen alle diese Schädlinge kannte man früher irgendein Kraut und einige dieser Hausmittel sollte man auch heute noch kennen. Pfefferminze soll Mäuse fernhalten. Am wirksamsten ist es für diesen Zweck, einige Tropfen Pfefferminzöl auf kleine Baumwollappen zu tropfen und auf dem Dachboden oder im Schuppen und wo sonst Mäuse hinkommen können, auszulegen.

Der Duft von Zedern- und Sandelholz ist ein klassisches Mittel, um Schränke und Truhen frei von Insekten und Mäusen zu halten. Es sind allerdings keine Kräuter, denn beides sind Hölzer von großen Bäumen. Sie sind in kleinen Stückchen oder Spänen zur Füllung von Säckchen im Handel. Mit den ätherischen Ölen kann man Holzklötzchen einreiben oder auf Watte oder Zellstoff träufeln als Füllung für kleine Stoffsäckchen. Sauberes Leinen und andere Stoffe können, auch wenn sie noch so gut aufbewahrt werden, einen stickigen Geruch annehmen, vor allem, wenn sie nicht absolut trocken lagern. Aber der Duft dieser Hölzer verhindert das.

Zedernholz

RECHTS: Kleider duften frisch und werden von Ungeziefer verschont, wenn man Kräutersäckchen in die Fächer und Schubladen legt. Gehäckseltes Zedern- und Sandelholz verbreitet Waldduft.

Lavendelfläschchen

Die Idee ist schon alt, sie kam aber erst in den letzten Jahren wieder zu Ehren. Man benötigt frisch geschnittenen Lavendel, denn trockener ist brüchig und die Stiele lassen sich nicht biegen. Der Lavendel trocknet allmählich ein und es kann nötig sein, die Stiele neu zu binden. Die Flaschen legt man zwischen die aufbewahrte Wäsche.

Lavendel

1 Man benötigt einen Bund frischen, langstieligen Lavendel, etwa 16-20 Stiele. Die Blüten sollten sich gerade öffnen, aber nicht zu sehr erblüht sein, weil sie sonst abfallen. Außerdem braucht man kräftige, feine Schnur.

3 Die Stiele an der Bindestelle einzeln nach hinten umbiegen und über die Blüten legen. Einen Stiel nach dem anderen erfassen, dabei immer in einer Richtung arbeiten.

2 Den Lavendel zu einem Bündel fassen und die Stiele unter den Blüten fest zusammenbinden. Schnur abschneiden.

4 Wenn alle Stiele zurückgebogen sind, hinter der Wölbung, die sich durch die Blüten bildet, nochmals fest abbinden. So entsteht die Flaschenform. Mit einem weiteren Stück Schnur das Stielende abbinden, um alles zusammenzuhalten. Zum Schluß mit einer hübschen Schleife verzieren.

Eberraute

Kräuterbündel gegen Insekten

Eine hübsche, altmodische Methode zur Insektenabwehr ist es, ein duftendes Sträußchen über einem Bett, in einem Schrank oder Regal oder hinter einer Türe aufzuhängen. Dazu benötigt man ein oder zwei Zweige Eberraute mit ihrem eigenartig bitteren Geruch, ein paar rote Rosen, je einen kleinen Bund Lavendel und Ysop, frisch oder getrocknet. Die frischen Stiele werden im Laufe der Wochen allmählich trocken. Man faßt die Stiele in der Hand zu einem Strauß, die längsten wie der Lavendel kommen nach hinten, und bindet die Stiele mit einem Band fest zusammen.

Säckchen gegen Insekten

Aus Stoffresten näht man Säckchen für die Kräutermischungen gegen Motten und für den feinen Duft von Kleidern und Wäsche. Man kann längliche Beutel nähen, die dann einfach zugebunden werden oder man kann quadratische, flache Kissen nähen, die gefüllt und dann zugenäht werden. Der Stoff muß dicht genug gewebt sein, daß nichts durchfällt. Eine gute Mischung für solche Säckchen ergeben Rainfarn und Eberraute mit Rosmarin und Lavendel. Diese Kräuter sollte man schon getrocknet bei einem guten Kräuterhändler kaufen.

In dem Rezept sind als Maßeinheit nur Becher angegeben, damit jeder die gewünschte Menge selbst bestimmen kann, je nach Größe des Bechers.

Rainfarn

RECHTS: Rainfarn und Eberraute wirken gegen Motten. Weitere Kräuter wie Lavendel und Rosmarin kommen wegen des Duftes in die Säckchen.

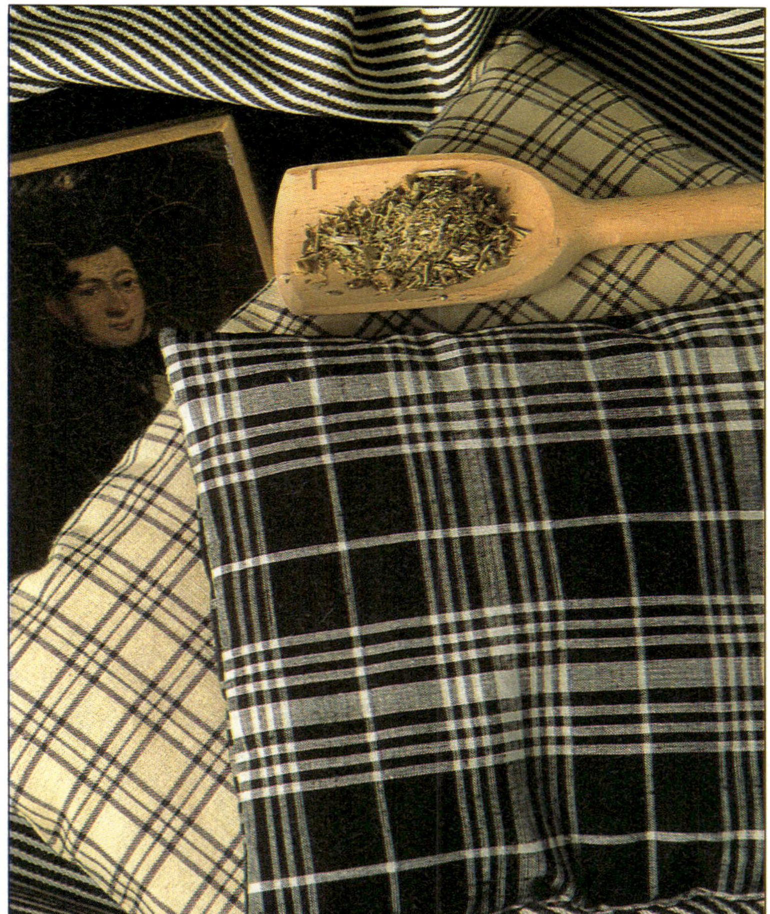

Kräutersäckchen Rezept 1

4 Becher Rainfarn
4 Becher Eberraute
2 Becher Lavendel
1 Becher Rosmarin
1 halber Becher gemahlene Iriswurzel

Zutaten mischen und in Säckchen füllen. Iriswurzel fixiert das Aroma der Kräuter und bewahrt den Duft über längere Zeit.

Kräutersäckchen Rezept 2

2 Becher Heiligenkraut
2 Becher Majoran
1 Becher Lavendel
1 Becher Rainfarn
1/2 Becher gemahlene Iriswurzel

Zutaten mischen und in Säckchen füllen.

Minze

Minze soll Fliegen fernhalten und deshalb ist es ein hübscher Brauch, ein frisches Minzebündel ans offene Fenster zu hängen oder einen Krug mit Minze aufs Fensterbrett zu stellen. Man kann es auch mit einem Lavendelsträußchen versuchen. Wer keine frischen Kräuter hat, kann ein paar Tropfen Minze- oder Lavendelöl verspritzen. Poleiminze hat man schon immer gegen Flöhe verwendet. Man sollte es ausprobieren und das Fell eines Haustiers mit den frischen Blättern einreiben oder ein paar frische Blätter auf dessen Schlafplatz ausstreuen. Vielleicht hilft es.

Duftkissen und Kräutersäckchen

Kissen oder Bettzeug mit wohlig duftenden Kräutern zu füllen, ist eine alte Tradition. Als Matratzen und Kissen noch aus einem Leinensack gemacht wurden, der einfach mit Stroh oder Heu gefüllt wurde, war es üblich, getrocknete Blätter und Blüten beizumischen, damit das Bettzeug frisch roch. Diese Idee könnte man aufgreifen und kleine Duftkissen zwischen die großen Kissen auf dem Bett legen oder man kann ein besonderes Kissen mit beruhigend wirkenden Kräutern füllen und unter das Kopfkissen legen, damit man besser einschläft. Wie bei den kleinen Säckchen sollte man auch für die Kissen einen weichen, dicht gewebten Stoff verwenden, der die Füllung gut hält, es sei denn man verwendet einfach eine Zellstoff-Füllung, die man mit Kräuteröl aromatisiert. Seide, Baumwolle und Leinen sind natürliche Gewebe und für die Kissen am besten geeignet.

Eine gute Methode, Duft ins Kopfkissen zu bringen, ist, ein kleines Säckchen zu füllen, das man seitlich in den Bezug eines großen Kissens schiebt. Das ist sehr praktisch, denn das Säckchen kann bei Bedarf leicht entfernt, neu gefüllt oder ausgetauscht werden. Säckchen und Kräuterkissen können auf vielerlei Weise verziert werden. Wer geschickt im Sticken ist, kann sie mit Monogrammen, Blumen, Herzen oder beliebigen anderen Motiven schmücken.

Lavendel ist für Duftsäckchen mit Recht am beliebtesten. Der frisch-herbe Geruch des Lavendels ist immer angenehm und man kann solche Säckchen reichlich zwischen Wäsche und Kleidung in Schränke und Schubladen verteilen. Mit einem Fixativ hält sich der Duft länger. Früher wurden die Säckchen grundsätzlich mit einer pulverisierten Mischung aus Kräutern und Gewürzen gefüllt, während man heute meist eine Mischung aus Blättern und Blüten verwendet. Diese enthielten Fixative, um den Duft zu halten. Es macht Spaß, duftende Pulver herzustellen und man kann den Duft je nach Bestandteilen abwandeln. Verschiedene Gewürze, beispielsweise, können den Charakter eines Duftes grundsätzlich ändern, etwa von würzig voll zu herb und frisch.

Thymian

Rechts: Mit Kräutern gefüllte Kissen oder Säckchen sind einfach zu machen und können sehr dekorativ sein.

Gewürzpulver Mischung I

Thymian

*D*ie Mengen werden auch hier nicht als Gewicht angegeben, sondern in Volumen. Man kann also jedes beliebige Maß nehmen, je nach Menge, die man herstellen möchte. Ein Meßbecher mit 250 ml ist z.B. ein brauchbares Maß.

Unbedingt nötig ist eine Gewürz- oder Kaffeemühle, obgleich man notfalls die Gewürze auch fertig gemahlen kaufen und größere Blätter einfach zerkrümeln kann. Die Mühle sollte dann ausschließlich für Gewürze verwendet werden, denn man wird feststellen, daß die starken Aromastoffe sich auf alles übertragen, was später in der Mühle gemahlen wird. Getrocknete Orangenschalen kann man einfach selbst machen. Dafür eignen sich alle anfallenden Orangenschalen. Man trocknet sie an einem warmen gut durchlüfteten Platz oder über einem Heizlüfter.

1/2 Becher getrockneter Thymian
1/2 Becher getrockneter Rosmarin
1/2 Becher getrockneter Waldmeister
1 Becher Zimtstangen
1 Becher getrocknete Orangenschalen
1/2 Becher Gewürznelken
1/2 Becher Koriandersaat
1/4 Becher Sternanis
1/4 Becher pulverisierte Iriswurzel

2 Nacheinander jeweils kleine Mengen mahlen und das Mahlgut in eine Schüssel schütten.

1 Zunächst fertigt man Säckchen mit mit einer weiten Öffnung, damit man sie gut befüllen kann. Die Kräuter werden von den Stielen gestreift, die Gewürze bereitgelegt.

3 Die gemahlenen Gewürze gut vermischen, damit sich die Zutaten gleichmäßig verteilen. Kleine Mengen in die Säckchen füllen, Beutel zunähen oder zubinden.

OBEN: Damit ein großes Kissen duftet, steckt man ein Kräutersäckchen in eine auf das Kissen genähte Tasche, aus der es den Duft abgibt.

Lavendelsäckchen

Die Säckchen sind besonders hübsch, wenn man sie aus einem durchscheinenden Stoff wie Musselin oder Organdy macht, durch den die Lavendelblüten sichtbar sind. Man kann ein kleines Herz aufsticken und den Rand gebogt einfassen. Gefüllt wird einfach mit Lavendelblüten oder man mischt etwas Iriswurzel und gemahlene, getrocknete Zitronenschale darunter: Auf 2 Becher Lavendel je 1/4 Becher Iriswurzel und Zitronenschale, was den Duft intensiviert und fixiert.

Kissen mit Hopfenfüllung

Hopfen

*H*opfenblüten waren früher ein klassisches Schlafmittel. Ihr eindringlicher Duft soll entspannend und einschläfernd wirken und eine Einschlafhilfe sein. Das Kissen kann man aus jedem beliebigen Stoff nähen. Das Einfüllen sollte man über einem Bogen Papier als Unterlage oder im Freien besorgen, weil der leichte Hopfen durch die Gegend fliegt.

1 Zwei quadratische Stoffteile zuschneiden, rechts auf rechts legen und an drei Seiten mit kleinen Stichen zusammennähen.

2 Nach rechts wenden und die Nähte glatt bügeln. Das Kissen locker mit getrockneten Hopfenblüten füllen und die offene Seite mit kleinen Stichen von Hand zunähen.

Hopfen

3 Ein Seidenband einmal um das Kissen legen, mit ein paar Stichen befestigen und eine gesondert gebundene Schleife in der Mitte aufnähen.

Gewürzpulver Mischung 2

Eine andere Version des Rezepts von Seite 90. Wenn die Zedernholzstückchen klein genug sind, kann man sie ohne weiteres auch ungemahlen untermischen.

1 Becher rote Rosenblätter
1/2 Becher Lavendel
1/2 Becher Rosmarin
1/2 Becher getrocknete Orangenschale
1/4 Becher Piment
1/4 Becher Zimt
1/4 Becher Zucker
1/4 Becher gemahlene Iriswurzel
1 Becher geraspeltes Zedernholz

Herstellung wie bei Mischung 1

Ätherische Öle aus Kräutern

Erst seit einiger Zeit sind die vielseitigen Verwendungsmöglichkeiten ätherischer Öle auch in breiteren Kreisen bekannt, und das Interesse an diesen Substanzen wächst. Bekannt wurden sie vor allem durch die Aromatherapie. Viele Öle werden aus Blättern oder Blüten gewonnen, andere aus Trieben, Rinde, Früchten oder Wurzeln, für manche Öle wird die gesamte Pflanze verwendet. Kräuteröle werden meist aus den Blättern der fraglichen Pflanze gewonnen. Diese flüchtigen Öle enthalten das Aroma und die wesentlichen Wirkstoffe, die in der Medizin oder in der Küche genutzt werden, häufig auch für Kosmetik und Parfumherstellung.

Heute werden in der ganzen Welt etwa 300 verschiedene ätherische Öle hergestellt. Es sind hochkonzentrierte Flüssigkeiten, mit denen man sehr sorgfältig umgehen muß. Man sollte sie keinesfalls unverdünnt in Hautkontakt bringen. Für Massagezwecke werden sie immer mit einem Trägeröl verdünnt. Man bewahrt sie in Fläschchen aus dunklem Glas auf, um sie vor Lichteinwirkung zu schützen. Immer nur wenige Tropfen sind jeweils nötig. Dafür hat die Flasche entweder eine Tropfvorrichtung oder man verwendet eine Pipette.

Ätherische Öle aus Kräutern können in ihrer Wirkung außerordentlich stark sein. So hat beispielsweise Thymianöl eine zwölfmal höhere antiseptische Wirkung als das altmodische Karbol, und Lavendelöl hat eine hervorragende Heilwirkung auf verbrannter oder geschädigter Haut. Manche Menschen reagieren allergisch auf gewisse Kräuteröle, beispielsweise Thymian oder Gewürzrinde. Reine Kräuteröle haben sehr unterschiedliche Preise, denn manche Pflanzen liefern große Mengen, andere nur sehr geringe. Manche Öle sind auch leichter zu extrahieren. Wenn eine ganze Serie von Ölen zum gleichen Preis angeboten wird, ist dies meist darauf zurückzuführen, daß sie nicht ganz rein sind oder daß sie verdünnt wurden. Um eine gute Wirkung zu erzielen, sollte man sich nach wirklich reinen ätherischen Ölen umsehen.

Indianernessel

RECHTS: Ätherische Öle werden heute viel verwendet in der Aromatherapie, für Massagen und auch für Potpourris. Die Preise von Kräuterölen schwanken stark je nach Herkunft und Rohstoff.

Getrocknete Orangen

Orangen oder andere Zitrusfrüchte können beschnitzt, getrocknet und als Dekoration in einer Schale mit einfachen Hobelspänen verwendet werden. Um die Orangenschalen zu schnitzen, benötigt man ein Dekormesser, auch Riefenschneider genannt, mit dem man schmale Kerben in die Schale reißen kann. Mit ein wenig Übung kann man Orangen mit Streifen und Mustern überziehen und mit Nelken bestecken. Die herausgeschnittenen Schalen trocknet man für Potpourris und Gewürzmischungen. Die verzierten Orangen läßt man an einem warmen, trockenen und gut belüfteten Platz trocknen. Das dauert einige Wochen und sie werden dabei kleiner. Auch ungeschnitzte Orangen trocknen ein, aber langsamer. Die trockenen Orangen werden mit ätherischem Öl getränkt.

Hobelspäne, Chilies und duftende Orangen

Wer getrocknete Orangen wie in diesem Beispiel verwenden möchte, muß diese lange im voraus vorbereiten. Als Grundlage in dieser Schale sind naturbelassene Hobelspäne am schönsten, aber es gibt auch gefärbte Späne zu kaufen, die sich wirkungsvoll verwenden lassen. Auch andere Früchte lassen sich trocknen: Zitronen, Apfel- und Pfirsichscheiben. Der Duft sollte aber im Charakter zur Kräutermischung passen. Eine gute Mischung ist: Rosmarin, Orange und Koriander. In einer hübschen Schale auf einem niedrigen Tisch kann die Mischung ihren Duft verströmen.

1 Mit einem Dekormesser werden hübsche Muster in die Schalen geschnitten. Die Muster sind nicht nur Zierde, sie beschleunigen den Trocknungsvorgang.

RECHTS: Man sollte möglichst mehr Orangen trocknen als nötig, denn die eine oder andere wird faulen oder weich werden statt zu trocknen. Die Früchte müssen unbehandelt und ungewachst sein, damit sie sich gut trocknen lassen.

2 Wenn die Orangen trocken sind, werden Hobelspäne, getrocknete Chilies, ätherisches Öl nach eigener Wahl und eine flache Schale bereit gelegt.

3 Die Hobelspäne kommen zu unterst in die Schale, die Chilies darüber, dann die getrockneten Orangen und zuletzt wird das ätherische Öl darüber geträufelt.

Duftkerzen

Kerzengießen ist keine Geheimwissenschaft. Wenn man die richtigen Zutaten und die nötigen Geräte hat, ist es ganz einfach. Am schönsten sind die Kerzen, wenn sie ganz schlicht sind, gegossen, nicht geformt. Das heißt, man kann das flüssige Wachs in jedes geeignete Behältnis gießen, in dem sich ein Docht unterbringen läßt. Einfache dickwandige Gläser sind ideal, sogar Muschelschalen sind möglich. Eine Mischung aus weißem Kerzenwachs und einem kleinen Anteil Bienenwachs ergibt Kerzen in einem warmen Cremeton statt in hartem Weiß. Wichtig beim Kerzengießen ist die Dochtstärke, sonst brennt die Kerze schlecht. Kerzendocht gibt es am Meter zu kaufen und meist ist angegeben, für welche Kerzendicke er sich eignet.

1 Der Duft, den die Kerze bekommen soll, kann sein: Rosen, Jasmin, Zitrone, Vanille, Bergamotte (Indianernessel), Ylang-Ylang oder Zitronella für draußen.

Kerzenwachs ist in leicht schmelzbarem Granulat erhältlich. Die Muschel muß ganz sauber sein und einen guten Stand haben.

2 Wachs und Bienenwachs in einen kleinen Topf geben und bei sehr schwacher Hitze schmelzen. Vorsicht bei Gas, denn Wachs ist entflammbar. Ein Stück Docht in das geschmolzene Wachs tauchen und abkühlen lassen. Damit wird er steif genug für die Muschel.

3 Den Docht mit einem Stückchen Kerzenkleber befestigen, nach oben mit einem Stäbchen oder Zahnstocher gerade ziehen und festhalten.

4 Ein paar Tropfen ätherisches Öl in das geschmolzene Wachs geben und dann vorsichtig in die Muschel gießen. Gut abkühlen lassen, dann das Hölzchen entfernen und den Docht 1 cm über dem Wachs abschneiden.

Jasmin

Zedernholzöl

Mit Zedernholzöl kann man kleine geformte Holzstückchen tränken, die man in Schubladen und Schrankfächer legt. Solche Hölzchen kann man auch schon parfümiert kaufen, oft auch aus Zedernholz. Sonst verwendet man andere Klötzchen aus weichem Holz. Der Zederduft kann bei Bedarf verstärkt werden, indem man ein paar Extratropfen aufträufelt. Natürlich kann man auch jeden beliebigen anderen Duft verwenden, aber Zeder wird speziell für Kleiderschränke und andere Möbelstücke zur Aufnahme von Kleidung verwendet. Es hat einen wundervoll würzigen Walddduft, sehr männlich und sauber.

Zeder

1 Aus weichem Holz, z.B. Balsaholz, schneidet man einfache Blattformen aus. Echte Blätter können als Schablone dienen. Die Form überträgt man auf das Holz.

2 Um die Hölzchen mit Öl zu tränken, gibt man sie in einen Plastikbeutel, beträufelt sie mit dem Öl und schüttelt den Beutel kräftig durch.

OBEN: Die Holzformen in dem Korb wurden mit Pimentöl parfümiert, das intensiver ist als das übliche Zedernöl zum Parfümieren von Kleidern.

RECHTS: *Pfirsichkerne können wie Holzstückchen verwendet werden, um ätherische Öle aufzunehmen und sie bereichern die Mischung noch durch ihre schöne Struktur.*

Bergamotteöl

Bergamotteöl hat einen frischen Zitronenduft, der sich gut mit dem Öl von Rosengeranien verbindet. Mit einem Hauch Lorbeeröl gibt man es auf eine Mischung aus Physalis (Kapstachelbeere, Lampionblume) und Pfirsichkernen und verziert das Ganze mit Blüten der Kapuzinerkresse.

Potpourris

Alle Arten von Kräutern eignen sich für phantastische Potpourris. Sie müssen nicht nur aus Grüntönen bestehen, sondern können leuchtend bunt sein, wie Lavendel, Rosen und Ringelblumen. Potpourris sollten nur einen zarten Duft haben, aber besonders ansehnlich sein. Zur Zeit macht man auch Mischungen aus Zutaten, die nicht selbst duften, und dann wird der gewünschte Duft zugegeben. Das ist zulässig, aber das Ergebnis kann sehr unangenehm sein. Anfängern gelingen mit guten, natürlichen Bestandteilen die besseren Potpourris. Wer im Garten Kräuter anbaut, sollte einige speziell für Potpourris ernten und Blumen sammeln, die sich zum Trocknen eignen und der Kräutermischung Farbe und Struktur geben.

Die Herstellungsweise eines Potpourris ist immer dieselbe, gleich welche Zutaten man verwendet. Die vollständig trockenen Blütenblätter, Kräuter, Samenstände, Blütenköpfchen und was immer man dafür vorgesehen hat, werden mit gemahlenen oder ganzen Gewürzen gemischt sowie mit weiteren aromatischen Zutaten wie Zitrusschalen und den unerläßlichen Fixativen, die bewirken, daß das Potpourri seinen Duft behält. Dann fügt man einige Tropfen eines ätherischen Öls zu, um den Duft zu betonen. Das am häufigsten verwendete Fixativ ist ein Pulver aus den Rhizomen einer in Italien feldmäßig angebauten Iris (*Iris germanica* var. *florentina*). Das Pulver sieht wie gemahlener Ingwer aus und hat nur einen ganz schwachen Veilchenduft. Es hat aber die Eigenschaft, andere Düfte zu fixieren und beständiger zu machen. Man kann natürlich auch einfach ein ätherisches Öl verwenden und immer wieder etwas zugeben, wenn der Duft nachläßt. Iriswurzel ist in Kräuterläden und Blumengeschäften erhältlich, in Apotheken gelegentlich unter der Bezeichnung »Rhizoma Iridis«.

Zitronenblüten

RECHTS: Wer diese Rezepte ausprobiert hat, kann selbst für die verschiedenen Zimmer im Haus oder als besonderes Geschenk Mischungen aus Trockenmaterial und verschiedensten Düften mischen.

An Kräutern eignen sich für Potpourris Thymian, Rosmarin, Lorbeer, Salbei, Zitronenstrauch, Duftgeranien, Kamille, Lindenblüten, Bohnenkraut, Ysop, Ringelblumen, Rosen, Lavendel und Ananassalbei. Von vielen dieser Kräuter gibt es ätherisches Öl zu kaufen und am besten ist es, das verwendete Kraut mit dem entsprechenden Öl zu aromatisieren, aber man kann auch mehrere Kräuter mischen und mit Zitrus- oder Gewürzölen parfümieren.

Die Mengen werden hier als Volumeneinheit eines 250 ml fassenden Meßbechers angegeben. Man kann die Mengen aber auch nach eigenem Geschmack verändern.

Potpourri aus Blättern und Kräutern

Diese Mischung in feinen Grüntönen sieht in einer rustikalen Tonschüssel oder in einem Korb am hübschesten aus. Die genannte Auswahl ist nicht zwingend, es sollte nur eine schöne Mischung aus großen und kleinen Formen sein, alles getrocknet.

1 Becher Eukalyptusblätter
1 Becher Lorbeerblätter
1 Becher Blätter vom Zitronenstrauch
1/2 Becher Bärentraube (*Arctostaphylos uva-ursi*)
1/2 Becher Thymian, Rosmarin, Salbei
1/2 Becher pulverisierte Iriswurzel
Einige Tropfen Lindenblüten-, Verbenen- oder Rosmarinöl

1 Alle Blätter in eine große Schüssel geben.

Eukalyptus

Potpourri aus roten Rosen

Nochmals eine sehr einfache Mischung, die aber allen gefallen dürfte. Ganze Rosenknopsen sehen hübscher aus als Rosenblätter. Rosenknospen kann man in Beuteln kaufen oder, teurer, am Stiel und die Knospen abzupfen.

5 Becher rote oder rosa Rosenknospen
1/2 Becher pulverisierte Iriswurzel
1/4 Becher gemahlene Nelken
1/4 Becher gemahlenes Piment
4 Tropfen Rosengeranienöl
4 Tropfen Ylang-Ylang-Öl

Rosenknospen in eine Schüssel geben, Iriswurzel und gemahlene Gewürze zufügen, alles gut mischen. Tropfen für Tropfen unter Rühren die Öle zugeben. In Papiertüten abfüllen, die Ränder umfalten. An einem dunklen kühlen Ort mindestens 4 Wochen ruhen lassen, bevor das Potpourri in kleinen Schalen oder Schächtelchen aufgestellt wird.

2 Iriswurzel zufügen und mit den Händen oder einem Holzlöffel alles gut vermischen.

3 Einige Tropfen Öl dazugeben. Die Mischung in große Papiertüten füllen und mit einer Wäscheklammer oder einer großen Büroklammer locker verschließen. An einem kühlen dunklen Ort einige Wochen ziehen lassen.

OBEN: Die Farbe ist hier zwar einheitlich graugrün, aber die Formen sind ganz vielfältig und geben diesem Potpourri ein interessantes Aussehen.

Potpourri aus Ringelblumen

*E*in leuchtend farbiges Potpourri mit dem frischen, fruchtigen Duft von Orangen und einem Hauch von Gewürzen. Einige ganze Gewürze, Blütenköpfchen und getrocknete Orangenscheiben machen sich besonders gut in diesem Potpourri. Ringelblumen sind im Garten leicht zu ziehen und beim Trocknen behalten sie ihre gelbe Farbe. Es muß *Calendula officinalis* sein, andere Arten riechen unangenehm.

4 Becher getrocknete Blütenblätter von Ringelblumen oder anderen gelben Blüten wie Kamille
1 Becher ganze Ringelblumenköpfe
1 Becher getrocknete Orangenschalen
1/2 Becher kleine Zimtstangen
1/2 Becher pulverisierte Iriswurzel
1/4 Becher Weihrauchkörner
1/4 Becher gemahlene Nelken
1/4 Becher Muskatnuß
3 Tropfen Bitterorangen-Öl
3 Tropfen Zitronenöl
3 Tropfen Zimtöl
getrocknete Orangenscheiben zur Dekoration

1 Blütenblätter und ganze Blüten in eine große Schüssel geben.

Ringelblume

2 Orangenschale, Zimtstangen, Iriswurzel, Weihrauch (als Fixativ) und die gemahlenen Gewürze zugeben und gut vermischen.

3 Öle tropfenweise zugeben und mischen. Die Mischung in Papiertüten füllen. Die Ränder umfalten und festklemmen. An einem kühlen, dunklen Ort wenigstens 4 Wochen ruhen lassen. Dann aufstellen und mit den Orangenscheiben dekorieren.

Lavendel-Potpourri

Dieses Potpourri wird oft nur aus Lavendelblüten gemacht, aber mit Fixativ und Ölen hält der Duft länger. Man kann es auch etwas farbiger machen durch Zugabe von Lerchensporn und Kornblumenblüten.

Zur Dekoration legt man ein gebundenes Sträußchen Lavendel in die Schüssel, das als Band einfach etwas Schnur oder eine hübsche Schleife erhält. Eine größere Menge in einer großen flachen Schüssel kommt am besten zur Geltung. Getrockneter Lavendel, den man kauft, ist meist nicht aus den dunklen, purpurfarbenen Sorten. Aber wenn man ihn selbst zieht, hat man die Wahl und sollte beim Pflanzen darauf achten.

5 Becher Lavendelblüten
1 Becher Lerchensporn oder Kornblumen nach Belieben
1/2 Becher pulverisierte Iriswurzel
10 Tropfen Lavendelöl

Die getrockneten Blüten in eine große Schüssel geben. Iriswurzel und das Öl tropfenweise und unter Rühren zugeben. Die Mischung in große Papiertüten abfüllen, Ränder umfalten und an einem kühlen dunklen Ort etwa 4 Wochen ziehen lassen.

Sträuße, frisch und getrocknet

Seit Menschen Kräuter und Blumen ziehen, haben sie sie gepflückt und in der Hand zu kleinen Sträußen gebunden. Solche Sträuße sind reizende Geschenke und die einfachste und hübscheste Art, Blumen zu arrangieren. Sie sehen auch hübsch aus, wenn sie an einem Band aufgehängt, eine Türe, eine Wand oder ein Möbelstück schmücken. Wer einen Garten hat, kann meist das ganze Jahr hindurch genügend Kräuter und Blumen pflücken und kleine duftende Sträußchen binden. In früheren Zeiten hatten diese Sträuße einen ernsthafteren Zweck als die reine Dekoration. Hohe Herrschaften trugen solche Sträußchen bei sich, um Infektionskrankheiten abzuwehren. Richter am Hohen Gericht trugen sie bei sich in dem irrigen Glauben, der Geruch des Sträußchens könnte Krankheiten wie die Pest fernhalten. Man nahm damals an, der schlechte Geruch von Abwässern oder von der Straße übertrage die Krankheiten und ein guter Duft könne dem entgegenwirken. Davon zeugt heute in England noch die Tradition, daß die englische Königin ein Sträußchen in der Hand trägt, wenn sie am Gründonnerstag das alljährliche Armengeld verteilt, eine Zeremonie seit hunderten von Jahren.

Wie aus frischen Kräutern kann man solche Sträuße auch aus getrockneten machen, in einer Mischung aus duftendem und nicht duftendem Material. Sie gelingen nur wirklich gut, wenn sie sorgfältig geplant werden, wenn die Farben und Formen gut aufeinander abgestimmt werden und vielleicht ein Blattkranz außen herumgelegt wird.

Graulaubige Pflanzen sehen besonders hübsch dazwischen aus, weil sie beim Trocknen einen zarten Silberton bekommen. Beispiele sind Eberraute, silberlaubiger Thymian, Salbei und Lavendel. Wenn alle Kräuter und Blumen in der richtigen Höhe und Form in der Hand gefaßt sind, werden die Stiele mit einem Faden oder feinen Draht fest zusammengebunden und am Ende gerade abgeschnitten. Trockensträußchen können eine kleine Papier- oder Spitzenmanschette aus Tortenpapier bekommen, das ihnen das Aussehen eines Biedermeiersträuß-

Ysop

RECHTS: Damit die Sträußchen länger frisch bleiben, stellt man sie gebunden in kleine Vasen oder in hübsch geformte Weingläser und füllt sie bis zum Rand mit Wasser.

chens gibt, oder man kann um die Stiele ein hübsches Band mit einer Schleife binden.

Am schönsten werden die Trockensträußchen, wenn man sie aus bereits getrockneten Pflanzen macht. Man kann sie aber auch aus frischen Blumen binden und anschließend trocknen. Dabei ist zu beachten, daß sie beim Trocknen schrumpfen und ganz unterschiedlich trocknen. Das Ergebnis sieht dann völlig anders aus, kann aber sehr hübsch und originell sein.

Boretsch

Frisches Kräutersträußchen

*E*in Sträußchen aus Kräutern, viel kleiner als der übliche Blumenstrauß, sieht sehr zierlich in einer Vase aus. Der abgebildete Strauß hat eine Rose als Hauptakzent und darum herum reiht sich eine hübsche Sammlung blühender Kräuter wie Ysop, Apfelminze, rosa Indianernessel und die blauen Blütensterne des Boretsch. Man beginnt mit einer Blüte und legt die übrigen Blumen kreisförmig an. Ganz außen ist hier der Ysop. Auch ganz einfache Sträuße sind hübsch, wie der aus Kapuzinerkresse auf Seite 109.

UNTEN: traditionelle Sträußchen haben außen ein duftendes Kraut, damit der Duft sich in der warmen Hand, die es trägt, entfalten kann. Dieses Sträußchen ist mit Ysop umgeben.

Sträuße aus Küchenkräutern

Wer sehr viele Kräuter im Garten zieht, kann etwas von dem Überfluß für den Winter trocknen. Auch wenn dann nicht alle Kräuter zum Kochen verwendet werden, sind die aufgehängten Bündel eine hübsche Dekoration. Kräuter erntet man immer gut abgetrocknet und um die Mittagszeit, wenn die flüchtigen Aromastoffe und damit ihr Duft am intensivsten sind. Man bündelt sie und bindet sie mit feinem Draht fest zusammen. An Haken aus festem Draht hängt man die Bündel an einem warmen luftigen Ort auf. Ideal ist der Platz über einem Küchenbord, aber auch ein anderer warmer Platz ist geeignet. Je nach Umständen dauert das Trocknen fünf bis zehn Tage. Geeignete Kräuter sind Rosmarin, Thymian, Salbei, Ysop, Bohnenkraut, Wermut und Majoran.

Bouquet Garni Gewürzsträußchen

Ein Bouquet Garni gibt Suppen, Soßen und Eintöpfen die besondere Note. Derzeit etwas aus der Mode, sind sie aber einfach zu machen, wenn man einen einigermaßen gut bestückten Kräutergarten hat. Das klassische Bouquet Garni besteht aus einem Zweig Thymian, Lorbeer, Kräuselpetersilie und manchmal etwas Selleriekraut. Die Zusammensetzung kann man je nach Gericht abwandeln. An der Petersilie sollte der Stiel lang bleiben, denn darin liegt der ganze Geschmack. Auch aus getrockneten Kräutern kann man ein Bouquet Garni machen, aber die Petersilie sollte immer frisch sein. Zum Verschenken hält man die Sträußchen in einem flachen Korb zwischen Klarsichtfolie oder feuchtem Moos frisch. Man kann Würzsträußchen einfrieren, indem man sie in feste Alufolie verpackt.

1 Die verschiedenen Kräuter sortieren und in handliche Stücke schneiden. Kurze Stücke Bindfaden bereithalten.

Thymian

2 Ein oder zwei Lorbeerblätter mit je einem Zweig Thymian und Petersilie zusammenbinden.

3 Als Geschenk bekommen die Sträußchen die Etiketten mit einem Hinweis für die Verwendung. Dieses Bouquet ist für Lamm. Für Schwein ersetzt man den Salbei durch Thymian und steckt das Bündel vor dem Binden durch einen getrockneten Apfelring. Für Rind verwendet man das gleiche wie für Lamm, mit je einem Stiel Kerbel und Koriander.

Strauß aus gelben Rosen und Zimtstangen

Der rund gebundene Strauß ist sehr hübsch und duftet süß. Der Duft wird noch verstärkt durch einige Tropfen Lavendel- oder Zimtöl.

12 getrocknete gelbe Rosen
12 Zimtstangen, gedrahtet
12 Blütenstiele der Färberdistel
12 Kugeldisteln
24 Stiele Lavendel

Die Pflanzen getrennt bereitlegen. Jeweils einen Stiel jeder Art zu einem Bündel fassen und so fortfahren, dabei vom Lavendel jeweils zwei Stiele nehmen. Wenn alle Blumen gefaßt sind, die Stiele fest zusammenbinden und die Enden glatt abschneiden.

Kugeln, Bäumchen, Herzen

Getrocknete Kräuter können sehr dekorativ sein. Sie werden auf die gleiche Weise verwendet wie Trockenblumen, und viele Kräuter zählt man auch zu diesen, man denke nur an Lavendel. Ein Vorteil vieler Kräuter ist ihr dauerhafter natürlicher Duft. Alle Dekorationen kann man zusätzlich noch mit ein paar Tropfen eines ätherischen Öls parfümieren. Die Trockenblumen saugen es auf und geben den Duft nach und nach ab, vor allem wenn sie von einer nahen Lampe erwärmt werden.

Viele der komplizierteren Arbeiten lassen sich leichter mit einer Heißklebepistole ausführen als mit herkömmlichen Klebern. Da der Klebstoff aus der Heißklebepistole in sehr kurzer Zeit fest wird, ist alles schnell gemacht, was sonst sehr zeitaufwendig ist, wie das Bekleben einer vorgefertigten Schaumstoff-Form mit einzelnen Blättern. Einfache Heißklebepistolen sind nicht besonders teuer und machen sich schnell bezahlt. Wer keine besitzt, sollte sich nach einem Klebstoff umsehen, der gut klebt, möglichst schnell trocknet und für Naturmaterial geeignet ist.

Steckschaum läßt sich in beliebige Formen schneiden und als Basis für florale Kreationen verwenden. Der braune oder graue für Trockenmaterial ist sehr gut, aber teurer als der grüne für Frischblumen. Der grüne ist weicher und läßt sich leichter in Form schneiden und ist unsichtbar, wenn man ihn vollständig mit Pflanzenmaterial abdeckt. Beide Arten sind geeignet, man nimmt, was einem persönlich sympatischer ist und was man leichter bekommt.

Manche Trockenblumen, zum Beispiel Rosen, werden oft ohne Stiel in Beuteln angeboten. Sie sind billiger als am Stiel getrocknete Rosen, die für diese Art der Verarbeitung auch zu schade wären. Es ist wichtig, das Material vor der Verarbeitung sorgfältig vorzubereiten, die zueinander passenden Blüten auszusuchen und die anderen beiseite zu lassen, um eine möglichst gleichmäßige Form zu erzielen.

Majoran

RECHTS: Steckschaum als Unterlage für Gestecke gibt es heute in vielerlei Größen und Formen. Es ist aber auch ganz einfach, selbst die gewünschte Form aus einem Block herauszuschneiden.

Lorbeerbäumchen

Dies ist eine Variation des üblichen Bäumchens in Kugel- oder Kegelform. Ein eckiger Block Steckschaum ist hier mit getrockneten Lorbeerblättern abgedeckt. Ein alter Blumentopf ist ein passendes Gefäß, aber wer möchte, kann auch etwas anderes verwenden. Benötigtes Material:

Ein Block Steckschaum
10 gerade Zweige, etwa 100 Lorbeerblätter
Blumentopf aus Ton
Moos oder Flechten als Abdeckung
Getrocknete Orangenscheiben
Blumendraht
Band

2 Das Zweigbündel in den Steckschaum stoßen. Auch den Topf mit Steckschaum füllen und die Zweige senkrecht hineinstecken.

1 Den Steckschaum zu einem hohen Rechteck schneiden. Zweige mit Draht fest zu einem Bündel binden. Lorbeerblätter in Häufchen mit gleichen Größen sortieren.

3 Die Blätter, oben beginnend, ganz regelmäßig schuppenförmig aufkleben. Dabei überstehende Teile abschneiden.

4 Block vollständig verhüllen. Den Steckschaum im Topf mit Moos abdecken. Orangenscheiben und eine Bandschleife mit Draht fassen und die Drahtenden in den Steckschaum im Topf stecken.

Herz aus Rosen

Rose

*D*as Moosband gibt es in Bastelgeschäften und Läden für Floristikzubehör. Eine Alternative ist eine Herzform aus Draht, der in der Hälfte umgeknickt und mit den Enden zurückgebogen wird, um die Spitze zu formen. Mit einem Haken am einen Ende und einer Öse am anderen verbunden. Draht mit Moos umwickeln. Außerdem: rote Rosen.

1 *Moosband in der erforderlichen Länge abschneiden. In der Hälfte abknicken, an dieser Stelle zusammenkleben und etwas festhalten, bis der Klebstoff fest ist.*

2 *Nun die beiden Enden nach unten zu einer Spitze zusammenbiegen. An den Enden zusammenkleben. Die Herzform ergibt sich ganz von selbst.*

3 *Die Rosen gleichmäßig auf die Herzform kleben. Zum Aufhängen eine Schnur oder ein Band daran befestigen, wenn erwünscht.*

Rosenkugel

Die Rosenkugel ist ganz einfach zu machen. Man benötigt eine Schaumstoffkugel von beliebiger Größe und sehr viele Rosenknospen, wesentlich mehr, als man zunächst annimmt. Sie werden in Kreisen festgeklebt, beginnend an der Stelle mit dem größten Umfang. Dabei muß man die Kugel vorsichtig festhalten, um die Knospen nicht zu zerdrücken. Es kann einfacher sein, die Kugel zum Bekleben auf einen Holzstab aufzuspießen. Um sie aufzuhängen, befestigt man eine Schnur oder ein Band mit einer Drahthafte an der Kugel, bevor die letzte Rose eingeklebt wird.

Oben: Als Farb- und Strukturkontrast: Kleine Schaumstoffkugeln mit Klebstoff bestreichen und in getrockneten Lavendelblüten wälzen.

Korb mit Majoran und Mohnkapseln

Die Herzform ist hier besonders wirkungsvoll, aber ein rundes oder eckiges Körbchen wäre ebenso hübsch. Auch hier wird die Klebepistole benötigt, um die Mohnkapseln auf dem Korbband zu befestigen. Benötigtes Material:

Steckschaum
kleiner herzförmiger Korb
Viele getrocknete Mohnkapseln
für den Rand des Korbes
Zwei Bund getrocknete Majoranblüten

Steckschaum so zurechtschneiden, daß er in den Korb paßt und ihn bis etwas unter dem Rand ausfüllt. Mohnkapseln nebeneinander auf den Korbrand kleben, dabei nur in einer Richtung arbeiten. Den Majoran in kleinen Büscheln in den Steckschaum stecken bis der Korb gefüllt ist. Die Blüten müssen so dicht stecken, daß kein Schaumstoff mehr zu sehen ist. Der Majoran sollte tiefer liegen als der Mohn.

Eukalyptus

LINKS: Der herzförmige Korb ist das Besondere an diesem Gesteck. Es ist das ideale Geschenk für den Valentinstag. Ein hübscher Korb ist wichtig.

Kranz aus Eukalyptusblättern

Der Eukalyptuskranz ist ganz einfach zu fertigen:

1 Blätter von frischen Eukalyptuszweigen zupfen.

2 Locker auf dünnen Draht fädeln. An einem warmen, luftigen Platz aufhängen, wo sie schnell trocknen. Neu, diesmal dichter auffädeln. Dazwischen kann man auch andere Dinge einfügen wie getrocknete Orangenschalen, Blumen oder Apfelringe.

UNTEN: Ähnliche Kränze wie den mit Eukalyptusblättern kann man auch aus anderen Blättern und weiteren Zutaten wie Lorbeerblättern und Chilies machen.

Kräuter als Dekoration

Kränze

Kränze aus Blumen und Laub sind in den letzten Jahren sehr in Mode gekommen. Vor allem Kränze aus Trockenblumen sind ein wunderschöner Schmuck im Haus, wo sie exakt auf Mitte an eine Türe oder Wand gehängt, oder eher lässig über einen Bettpfosten, die Kante eines Spiegels oder Möbelstückes gelegt werden können. Manche Kränze sind schnell und aus ganz wenigen Bestandteilen gemacht und damit ideal, wenn schnell ein Schmuck benötigt wird, der etwas festlicher und ausgefallener sein soll als ein gewöhnliches Gesteck. Kräuter, frisch oder getrocknet, sind wundervolles Material für Kränze. Ihr Duft gibt dem fertigen Werkstück natürlich eine zusätzliche Qualität, abgesehen davon, daß viele blühende Kräuter schon einfach als Schnittblumen sehr hübsch sind.

Es gibt mehrere Möglichkeiten, einen Kranz zu fertigen. Im Handel werden verschiedene fertige Kranzformen als Basis angeboten. Die einen sind aus verflochtenen Weidenzweigen oder Reben. Sie sehen schon ungeschmückt gut aus, aber anderes pflanzliches Material läßt sich gut darauf befestigen, indem man Trockenmaterial darauf festklebt, frische Pflanzen mit Blumendraht aufbindet oder Blumen und Blätter einfach zwischen die Zweigwindungen steckt. Andere Kranzformen sind aus Steckschaum, in den Trockenblumen eingesteckt oder aufgeklebt werden. Es gibt auch Schaumstoffringe mit einer Unterseite aus Kunststoff, die mit Wasser getränkt für Frischblumen geeignet sind. Sie sind einfach zu bestekken und wirken sehr professionell, man braucht aber sehr viel Material, denn sie müssen sehr dicht mit Blumen besteckt werden, damit der Schaumstoff verdeckt wird.

Vielerlei Kräuter eignen sich für Kränze: Lavendel, Salbei, Thymian, Rosmarin, Lorbeer, und viele andere strauchig wachsende, verholzende Pflanzen.

Lavendel

RECHTS: Kränze mit Blumen oder Kräutern sind ein vielseitiger Schmuck – ganz natürlich, mit ein paar Kräutern in einer Kranzform aus Zweigen, oder sehr elegant, wie der Kranz aus frischen Rosen und Sommerblumen für einen festlichen Anlaß.

Kranz aus Rosen und goldfarbenem Majoran

Frische Blumen und Kräuter sind hier in eine Kranzform aus Kunststoff und Steckschaum gesteckt. Vor dem Stecken der Blumen muß die Form gut gewässert werden, aber sie darf auch nicht zu naß sein. Anleitungen zum Wässern, die der Form beigefügt sind, genau beachten. Im Freien oder auf einer wasserunempfindlichen Unterlage arbeiten, denn beim Stecken der Blumen läuft viel Wasser über. Der Kranz wird besonders reizvoll, wenn im Sommer die Rosen in Hochblüte sind. Die hier verwendeten Sorten sind zwei kräftig kirschrote 'Charles de Mills' und *Rosa gallica* var. *officinalis* 'Versicolor'. Goldfarbener Majoran ist eine sehr dekorative Staude. Sie treibt im Frühjahr zart lindgrün aus und an einem halbschattigen Standort behält sie die Farbe oder verblaßt ein wenig zu einem Goldgrün, einem schönen Kontrast zu vielen anderen Farben.

1 Kranzform wässern und die Blumen vorbereiten. Hier wurden verwendet: Goldfarbener Majoran, dunkelrosa Rosen, Rosmarin, Lavendel und kleinblättriges, immergrünes Beiwerk als Füller.

2 Alle Pflanzen in kurze Stücke schneiden und mit dem Majoran, Rosmarin und immergrünem Beiwerk beginnend, systematisch im Kreis arbeiten bis die Form gefüllt ist. Dann die Rosen und den Lavendel gleichmäßig dazwischen stecken.

OBEN: Wer möchte, kann den fertigen Kranz mit einem Stück Draht aufhängen. Er hält einige Tage frisch, wenn er gelegentlich mit frischem Wasser übersprüht wird.

Goldfarbener Majoran

Weidenkranz mit getrockneten Rosen

Einen kleinen Strauß aus getrockneten Rosen bindet man mit Blumendraht, schneidet die Stiele sehr kurz ab und bindet ihn auf einen Kranz aus hellen Weidenruten und befestigt eine farblich passende Schleife aus Seidenband.

RECHTS: Ein prächtiges Seidenband ist die Vollendung für diesen hübschen Kranz. Bänder mit Drahteinzug an den Rändern sind in der Floristik ideal, weil sie sich nach Belieben in weiche fließende Formen biegen lassen.

Lavendelkranz

Dieser hübsche ungekünstelte Kranz mit verschiedenen Lavendelsorten ist auf einen fertigen Kranz aus Wildem Wein gearbeitet. Da die Lavendelblüten nicht feucht gehalten werden, trocknen sie nach und nach ein. Zunächst wird der Kranz für eine bestimmte Gelegenheit mit den frischen Blumen geschmückt, dann zum Trocknen aufgehängt und später als Trockenkranz weiterverwendet.

Wer im Garten Wilden Wein hat, kann so einen Kranz selbst machen. Die Ranken werden geschnitten, wenn im Herbst die Blätter fallen, die Ranken aber noch biegsam sind. Möglichst lange Triebe werden ineinander gewunden und die Enden jeweils nach innen gesteckt. Etwas dünner Draht an unsichtbaren Stellen hilft, die Stiele besser zusammenzuhalten. Damit ein schöner Kreis entsteht, bindet man die Ranken um eine runde Form. Man läßt den Kranz trocknen und schmückt ihn dann mit frischen Blumen.

1 Lavendelblüten in mehreren unterschiedlichen Sorten und Farben mit möglichst langen Stielen schneiden.

2 Kleine Bündel Lavendel immer in einer Richtung zwischen die Ranken des Kranzes schieben. Die Lavendelstiele sind sehr biegsam und lassen sich recht gut befestigen. Notfalls nimmt man etwas dünnen Blumendraht zu Hilfe.

3 Ein Bündel nach dem anderen wird in den Kranz gesteckt, mit den Farben wechselt man dabei ab. Die Zweige sollen nicht ganz mit Blüten bedeckt werden. Zuletzt erhält der Kranz eine kleine Schleife aus schmalem lila Band, an dem er aufgehängt werden kann.

Goldkamille

Kräuterstrauß auf einem Weidenkranz

*H*ier hat der Weidenkranz selbst die wichtigste dekorative Funktion, das Kräutersträußchen ist nur eine Ergänzung. Den Kranz kann man aufhängen, er ist auch ein hübscher Tischschmuck für ein sommerliches Essen im Freien.

Das Sträußchen kann man aus allem machen, was verfügbar und hübsch ist. Wie schon in einem früheren Kapitel gezeigt, kann das Sträußchen nachher an einem luftigen Ort getrocknet und zum Kochen oder für ein Potpourri verwendet werden.

Lavendel

1 Alle Pflanzen bereitlegen. Im Bild sind es: Goldkamille, goldfarbener Majoran, Heiligenkraut, und Lavendel.

2 Die Stiele mit einem kurzen Stück Bast oder Schnur zusammenbinden und an einer Seite des Kranzes befestigen.

Dekorative Kräuterbündel

Überall wo Kräuter wachsen oder angebaut werden, wie Lavendel, kann man im Sommer zum Trocknen aufgehängte Bündel sehen. Sie werden auf diese Weise getrocknet, weil es am einfachsten ist, aber zugleich ist das sehr dekorativ. Von diesem praktischen Zweck ausgehend, kann man auch die verschiedensten hübschen und ungewöhnlichen Stehsträuße aus frischen oder getrockneten Kräutern binden. Man bindet Sträußchen und stellt sie aufrecht hin wie kleine Garbenbündel, sie müssen nur unten dick genug sein, um selbständig stehen zu können. Sie können aus einer einzigen Art oder aus einer hübschen Mischung verschiedener Kräuter bestehen und sie können einzeln oder in Gruppen aufgehängt werden. Frische Kräuterbuschen sollten in Wasser gestellt werden, wenn sie länger als ein paar Stunden frisch bleiben sollen, oder man hängt sie gleich an der frischen Luft zum Trocknen auf. Stehsträuße aus getrockneten Kräutern sind ganz einfach zu machen, es bedarf nur einiger Geduld, um die einzelnen Stiele in der richtigen Höhe zum Strauß zusammenzufassen, so daß die Blüten und Blätter hübsch zu stehen kommen. Die Sträuße können dann noch mit Band, einer Schleife, grober Hanfschnur, mit naturfarbenem oder bunt gefärbtem Bast oder dergleichen geschmückt werden. Auch andere Zutaten wie Zimtstangen oder kleine Bündel aus Trockenfrüchten oder dekorativen Gewürzen kann man hinzufügen. Trockene wie frische Pflanzen müssen gerade, feste Stiele haben, wenn sie von selbst aufrecht stehen sollen oder man muß etwas sehr fest dazwischenbinden, das die nötige Steife bringt, dann können die anderen Stiele auch weicher sein.

RECHTS: Diese dekorativen Kräutersträuße zeigen, wie man die verschiedensten Kräuter arrangieren kann. Beispielsweise in einem Flur wird ein solcher Strauß seinen Duft nach allen Seiten verströmen.

Lavendel

Solche Stehsträuße kann man überall im Haus verwenden. Zwei gleiche Sträuße sind hübsch zu beiden Seiten einer Etagere oder sie können eine kleine Plastik oder einen Bilderrahmen flankieren. Einen einzelnen Strauß kann man in ein Regal oder auf ein niedriges Tischchen stellen und duftende Exemplare passen auf den Toilettentisch oder das Nachtkästchen. Manche passen am besten auf den Küchenschrank oder das Küchenregal, vor allem wenn sie aus Küchenkräutern wie Lorbeer, Rosmarin, Salbei oder Thymian bestehen.

1 Für einen Strauß benötigt man mehrere kleine Bündel Lavendel, außerdem Draht oder Schnur zum Binden und lavendelfarbenes Seidenband mit Drahtkanten.

Stehstrauß aus Lavendel

Getrockneten Lavendel kann man in kleinen Bündeln im Blumenfachhandel kaufen oder überall, wo Trockenblumen angeboten werden. Häufig werden dunkelfarbige Blüten einer Zwergform angeboten, deshalb sind die Stiele nicht sehr lang. Meist spielt das keine Rolle. Für diesen Strauß sollte man aber möglichst lange Stiele suchen, sonst hat man zu viel Ausschuß. Die Länge ist für die Proportionen des fertigen Straußes wichtig. Die blanken Stiele sollten möglichst eineinhalbmal so lang sein wie der Bereich mit den Blüten.

2 Die Lavendelbündel aufbinden, zu kurze und gebrochene Stiele aussortieren.

3 Lavendelstiele neu ordnen, dabei die Blüten alle in der gleichen Höhe halten. Auf die Stiele braucht man zunächst noch nicht so sehr zu achten.

4 Wenn der Strauß groß genug ist, wird er fest zusammengebunden, dann werden die Stiele so gleichmäßig glatt abgeschnitten, daß der Strauß frei von selbst stehen kann. Ein Seidenband darumbinden.

Lavendel

Stehstrauß mit Rosen und Zimtstangen

Hier werden wundervoll duftende Zimtstangen als Stiel verwendet, denn die Rosenstiele sind sehr dünn und oft nicht gerade genug. Den Duft kann man durch Beträufeln der Blumen und Mohnkapseln mit Duftöl noch verstärken. Zwei gleiche Sträuße dieser Art sehen sehr gut als winterlicher Schmuck auf einem Bord aus. Mit verschiedenen Bändern kann man die Wirkung vollständig verändern: Ein rot-goldenes wie im Bild wirkt sehr traditionell und auch festlich, während ein einfaches rotes oder senffarbenes Band schlichter wirken würde. Das wird gebraucht:

12 kleine Mohnkapseln mit Stiel
dünner Blumendraht
25 kleine getrocknete Rosen
12 Zimtstangen in gleicher Länge
Seidenband

1 *Zu Beginn alle Materialien am Arbeitsplatz bereitlegen. Die Mohnkapseln zu einem kleinen Bündel zusammenfassen und mit Draht fest zusammenbinden.*

Mohn

OBEN: Dieser elegante Trockenstrauß aus Zimtstangen und Rosen ist ein wunderschönes Geschenk für eine gute Freundin.

2 *Die Rosen rund um den Mohn als hübschen Rahmen anordnen und wieder mit Draht festbinden. Die Stiele kürzer schneiden als die Länge der Zimtstangen.*

3 *Die Zimtstangen möglichst hoch um die Stiele legen und mit Draht sehr fest umwickeln. Den Draht mit einem schönen Band und einer Schleife kaschieren.*

Stehstrauß mit Rosmarin, Majoran und Thymian

Dieser Strauß wird etwas anders gefertigt. Da er nur die Vorderseite als Schauseite hat, werden die drei Kräuter hinter- und übereinander angeordnet und man sollte versuchen, das so regelmäßig und ordentlich wie möglich zu machen. Man braucht einen kleinen Bund Rosmarin mit geraden Stielen, blühenden Majoran und buschigen Thymian, keine kriechende Art, der wäre zu kurz. Den Majoran so auf den Rosmarin legen, daß der Rosmarin oben noch etwa 5 cm herausschaut. Dann den Thymian unter dem Majoran anordnen. Alle Stiele zusammenbinden und auf die gleiche Länge glatt abschneiden, daß der Strauß frei steht. Ein langes schmales Blatt, beispielsweise ein Irisblatt oder ein langes Gras, grünes Band oder grünen Blumenbast über dem Bindedraht um den Straußstiel legen.

Töpfe und Kübel im Garten

Kräuter kann man ganz einfach in Töpfen und Kübeln ziehen. Das heißt, sogar im allerkleinsten Gartenhöfchen in der Stadt können wenigstens ein paar Blättchen eines feinen Küchenkrauts wachsen oder eine hübsche Gruppe von Kräutern. Auf diese Weise kann man die schönen Strukturen und Formen der Blätter, die Farben und den Duft der Pflanzen am besten wahrnehmen.

Wenn verschiedene Arten in einem Kübel zusammengepflanzt werden, ist darauf zu achten, daß die Pflanzen zusammenpassen, es sei denn, es ist nur eine ganz kurzfristige Pflanzung. Verholzende Kräuter wie Thymian, der einen gut durchlässigen Boden braucht und Sonne liebt, fühlen sich nicht wohl, wenn sie beispielsweise mit Minze zusammengepflanzt werden, die viel Wasser mag. Die meisten Kräuter sind allerdings sehr einfach zu ziehen und kommen gut miteinander aus, weil es im Grunde einfache, unkomplizierte Pflanzen sind. Wichtig ist, sehr wüchsige Arten wie Liebstöckel oder Angelika nicht in zu kleine Töpfe zu pflanzen, für die sie schnell zu groß werden. Andererseits kann ein Kübel auch ein gutes Mittel sein, um ein wucherndes Kraut in Schach zu halten. Minze-Arten beispielsweise, sind im Garten notorische Wucherer, die sich überall ausbreiten, wo man sie pflanzt. In einem Topf aber können ihre Wurzeln andere, kleinere Pflanzen nicht belästigen.

Terracotta- und Keramiktöpfe sehen mit Kräutern bepflanzt immer schön aus, sie sind dauerhaft und werden mit dem Alter immer schöner, vorausgesetzt, sie sind frostfest. Kunststoff sieht nie so gut aus, aber er hat den Vorteil, daß man die Pflanzen im Sommer nicht so oft gießen muß, weil die Erde darin nicht so schnell austrocknet wie im porösen Ton. In Terracottatöpfen verwendet man deshalb möglichst schwere Erde und Kompost statt sehr durchlässiger Substrate, die schnell austrocknen und nur schwer wieder feucht zu bekommen sind.

Salbei

RECHTS: Eine so prachtvolle Gruppe verschiedener Töpfe mit Kräutern hat viele gute Seiten: im Garten ist sie hübsch anzusehen, sie verbreitet wundervolle Düfte und die Kräuter sind allzeit bereit als Gewürz in der Küche.

Einige Kräuter, wie der empfindliche Rosmarin, manche Lavendel-Arten und der Zitronenstrauch, müssen im Winter in ein frostfreies Quartier gebracht werden und sie können deshalb unbesorgt auch in dekorative, nicht frostfeste Töpfe gepflanzt werden. Kräutertöpfe können unter dem Aspekt der Blütenfarbe, aber auch einfach für Küchenzwecke gepflanzt werden. Es kann eine Sammlung von Pflanzen mit den gleichen Standortansprüchen sein oder einfach eine reizvolle Ansammlung von Düften. Ein weiterer großer Vorteil der Pflanzung in Töpfen ist, daß sie im Garten umgestellt werden können oder mit anderen Töpfen gruppiert und ein immer wechselndes Bild ergeben. Die vier Vorschläge auf diesen Seiten sind mit interessanten Blattfarben und -formen vor allem auf ein attraktives Aussehen konzipiert.

Thymian im Kiesbett

Thymian liebt Sonne und durchlässigen Boden, und viele Arten fühlen sich in den Fugen zwischen Pflastersteinen besonders wohl. In einer flachen Pflanzschale kann man diese Situation herstellen, indem man das Substrat mit einer Schicht Kies abdeckt. Es kann eine aufrecht wachsende Sorte sein wie die panaschierte im Bild oder eine kriechende Form, dann sollte aber der Kies etwas feiner sein.

1 In eine schöne flache Schale kommt eine Schicht Kies oder grober Sand als Drainage. Dann wird bis knapp unter den Rand mit guter Gartenerde, der Sand beigemischt ist, aufgefüllt.

2 Je nach Größe ein oder zwei Pflanzen einsetzen.

3 Die Erde in der Schale rund um die Pflanzen und dazwischen mit einer Schicht Kies abdecken. Nach und nach wird der Thymian den ganzen Topf ausfüllen.

Thymian

RECHTS: Salbei bildet mit seinen großen Blättern einen schönen Kontrast zu dem feinlaubigen Thymian. Hier sind panaschierte Sorten wirkungsvoll kombiniert.

Mischung mit südlichem Flair

Diese Gruppierung eignet sich besonders für eine warme, sonnige Lage. In dem Topf sind Schopflavendel und eine kleinbleibende einfachere Lavendelart, und purpurn blühendes Heliotrop. Gepflanzt wird in gut durchlässige Erde. Über den Winter muß der Topf ins Gewächshaus oder er muß einen anderen Winterschutz erhalten. Das einjährige Heliotrop wird alljährlich erneuert oder man pflanzt etwas anderes zu den beiden Lavendelarten.

LINKS: Lavendel stammt aus dem Mittelmeerraum. Die Lavendelfelder in Südfrankreich sind ein atemberaubender Anblick. Eine große Zahl von Arten und Sorten steht für die Gartenkultur zur Wahl.

OBEN: Nochmals ein Kübel mit dem attraktiven Schopflavendel, der sich gut von dem blauen Farbton des Kübels abhebt. Ein Beispiel dafür, wie sehr es auf die Art des Topfes ankommt.

Kräutertopf in Bronze und Purpur

*A*ls Substrat verwendet man hierfür eine eher schwere, etwas lehmige Erde, die nicht zu locker ist und nicht so schnell austrocknet. Für das abgebildete Beispiel wird benötigt:

Ein erdfarbener glasierter Keramikkübel
2 purpurfarbene Basilikumpflanzen
2 bronzefarbene Fenchelstauden
1 purpur-cremefarben panaschierter Salbei
Pflanzsubstrat
Kies als Drainage

1 Eine Schicht Kies oder anderes grobes Material als Drainage in den Topf füllen.

2 Den Topf etwa dreiviertel hoch mit der Erde füllen.

3 Die höheren Fenchelpflanzen nach hinten, dann Basilikum und Salbei davorpflanzen. Basilikum ist einjährig und muß alljährlich frisch gepflanzt werden. Fenchel und Salbei sind mehrjährig. Fenchel blüht im Sommer hübsch hellgelb, und macht die Bepflanzung bis in den Herbst hinein ansehnlich.

RECHTS: Die Gruppe mit buntem Laub ist ein guter Kontrast zu blühenden Kräutern in Töpfen daneben. Nach ausgefallenen Sorten von Kräutern muß man etwas suchen.

Apfelminze

Zitronenmelisse

Oben: Zitronenmelisse schmeckt und riecht nach Zitrone. Es ist die richtige Pflanze für Naturfreunde, denn der würzige Duft zieht Bienen an. Die Pflanze blüht im Sommer hellgelb bis weiß.

Rechts: Auch in einem richtigen Kräutergarten kann ein derart dekorativer Kübel mit Kräutern ein Blickfang sein, vor allem wenn er mit goldlaubigen Kräutern bepflanzt ist.

Goldlaubige Kräuter im Topf

*D*iese Gruppe behält ihre frische Laubfärbung während des ganzen Sommers. Die Pflanzen sollten nicht zu heiß und sonnig stehen, damit die Blätter nicht vergrünen. Goldlaubige Pflanzen bevorzugen Schatten oder Halbschatten.

1 hoher Keramiktopf mit grünlich brauner Glasur
2 Exemplare goldlaubige Zitronenmelisse
1 gelbblühendes Heiligenkraut
1 cremefarben panaschierter Salbei

1 Eine Schicht Kies, zerstoßene Blumentopfscherben oder anderes grobes Material als Drainage auf den Topfboden füllen.

Zitronenmelisse

2 Mit guter Komposterde halb füllen.

3 Die Zitronenmelissen nach hinten, Heiligenkraut und Salbei rechts und links davor pflanzen. Mit Erde auffüllen und wässern.

Kräuter auf dem Fensterbrett

Viele Menschen haben keinen Garten oder keine Lust zur Gartenarbeit. Kräuter können ideale Zimmerpflanzen sein und eignen sich besonders gut, weil sie sowohl nützlich wie dekorativ sind. Viele Supermärkte bieten heute Kräuter in kleinen Töpfen an, damit man nach Bedarf davon für die Küche schneiden kann, und sie bleiben auf diese Weise frisch, bis sie verbraucht sind. Sie sind jedoch im allgemeinen nicht geeignet, in größere Töpfe ausgepflanzt und über längere Zeit gehalten zu werden. Aber viele Kräuter kann man leicht selbst aus Samen ziehen. Allerdings ist es für die Kultur im Zimmer, wo die Bedingungen nie besonders günstig sind, meist besser, wirklich gute, kräftige Jungpflanzen in einer Gärtnerei oder im Gartencenter zu kaufen.

Die meisten Kräuter brauchen viel Licht und Feuchtigkeit. Wenn den Tag über nicht ausreichend natürliches Licht zur Verfügung steht, sollte man gar nicht versuchen, Kräuter zu ziehen. Man kann sie ins oder ans Fenster stellen, wenn sie dort nicht im Sommer während der wärmsten Tageszeit zu viel direkte Sonne bekommen. Aber sogar die Wintersonne kann empfindlichen Pflanzen manchmal schaden. Viele Pflanzen vertragen keine trockene Luft, andere, wie die Duftgeranien, werden davon nicht beeinträchtigt. Vermutlich dürfte der Kräutergarten seinen Platz in der Küche finden und dort paßt er auch am besten hin. Dafür sollte man sich aber die Mühe machen, besondere Töpfe zu beschaffen oder selbst hübsch zu bemalen und die Kräuter nicht so konventionell einfach auf dem Fensterbrett aufreihen. Man kann Töpfe an Drähten oder in Körben aufhängen, oder quer über ein Fenster, das nicht geöffnet werden muß, Glasscheiben als Regalbretter befestigen. Die Pflanzen sollten feucht gehalten werden, aber nicht zu naß, und vorzugsweise mit Regenwasser gegossen werden, da manche Pflanzen Leitungswasser schlecht vertragen.

Rechts: Es ist einfach und lohnend, im Haus Kräuter zu ziehen, aber wie die meisten Pflanzen brauchen auch Kräuter einige Pflege, damit sie gedeihen.

Petersilie

Gesunde, gut wachsende Kräuter werden während der Sommermonate einmal wöchentlich mit Flüssigdünger gedüngt, und man sollte sich nicht scheuen, sie häufig zu schneiden und die Triebspitzen abzuknipsen, um sie zu einer buschigen Wuchsform anzuregen, denn im Zimmer werden die Pflanzen leicht zu hoch und sparrig. Manche Pflanzen, wie Basilikum und Geranium, reagieren sehr positiv auf einen regelmäßigen Rückschnitt. Basilikum muß am Blühen gehindert werden, damit es ständig neue Blätter treibt. Wenn man ihm gestattet zu blühen, gibt es auf und meint, seine Pflicht getan zu haben.

Wer einen Garten hat, aber trotzdem Kräuter im Haus ziehen möchte, kann die Pflanzen im Sommer draußen halten. Das regt ihr Wachstum an und hält sie gesund. Wenn es kühler wird, bringt man sie wieder ins Haus.

Krausblättrige Petersilie

Drahtgestell für Ampelpflanzen

Dafür braucht man grünen, mit Kunststoff ummantelten Draht, der stark ist, sich aber leicht biegen läßt. Wer erst einmal ein solches Gestell gefertigt hat, kann für die Herstellungsweise allerlei Abwandlungen ausprobieren.

1 Den Topf bereitstellen, für den das Gestell vorgesehen ist, denn es muß genau passen. Dazu eine Zange zum Schneiden und Biegen und den grünen Draht.

2 Einen Drahtring biegen, der fertig genau unter den Topfrand paßt, dabei an drei Stellen im gleichen Abstand durch Verdrehen des Drahtes Ösen biegen. Den Ring schließen, indem man die Enden miteinander verdreht. Drei gleich lange Stücke Draht für die Bügel und ein kürzeres für den Haken schneiden.

3 Die drei Drahtstücke in den Ösen des Ringes befestigen und oben zusammenführen.

4 Drahtenden oben miteinander gut verdrehen. Aus dem kleinen Drahtstück eine Öse formen und spiralig um die Bügel drehen. Topf in den Ring setzen und an einem Haken, der von der Decke kommt, aufhängen.

RECHTS: Hier hat die allbekannte Kräuselpetersilie einen wesentlich dekorativeren Auftritt als in einem Topf auf dem Fensterbrett. Die Halterung ist einfach zu machen und wirkt ganz unaufdringlich.

Korb mit Basilikum

Basilikum braucht Wärme und einen geschützten Platz zum Gedeihen. So ist das Küchenfenster gerade richtig, wenn die Sonne nicht direkt hineinscheint. Die Pflanzen sprechen gut auf Flüssigdünger und reichlich Feuchtigkeit an, wachsen schnell und treiben viele Blätter. Blütenansätze müssen ausgezupft werden, um das Blattwachstum anzuregen.

Purpurlaubiges Basilikum

1 Man benötigt einen länglichen Korb, schmal genug für das Fensterbrett, schwarze Folie zum Auslegen des Korbes und wenigstens drei Basilikumpflanzen, der Farbe wegen auch purpurlaubige.

2 Schwarze Folie etwas größer zuschneiden als der Boden des Korbes ist, und den Korb damit auslegen.

3 Nun einfach die Pflanzen dicht nebeneinander in den Korb setzen und das ganze an einen hellen Fensterplatz stellen.

Basilikum

Bunt gefärbte Töpfe

Einfache neue Blumentöpfe sind viel schöner, wenn man sie farbig streicht. Welche Farbe sich eignet, hängt davon ab, wo die Töpfe, wenn sie bemalt sind, verwendet werden sollen. Man kann das Pigment mit Leinöl verrühren und damit den Topf streichen. Das Öl zieht in den Ton ein und mit ihm auch ein Teil der Farbe. Der Rest bleibt auf dem Ton und wirkt so natürlich, wie die ursprüngliche matte Oberfläche des Tons. Die Farbe nützt sich im Gebrauch und mit der Witterung ein wenig ab und wird damit noch schöner. Das mag in Innenräumen problematisch sein, deshalb ist es besser, für Töpfe, die nur drinnen verwendet werden, das Farbpulver mit einer matten PVA-Dispersion als Binder zu mischen, die mit Wasser stark verdünnt wird.

1 Rotes und ockerfarbenes Pigment mit etwas Wasser und PVA-Dispersion zu einem warmen roten Farbton anrühren.

2 Den Topf mit einem breiten Pinsel anstreichen.

3 Den Topf vor dem Bepflanzen im Freien trocknen. Eine Duftgeranie mit roten Blüten paßt gut in diesen Topf.

Töpfe im farblichen Dreiklang

*H*ier enthalten eingefärbte Töpfe in Blau, Gelb und Grün, Schnittlauch, Bubiköpfchen und Kräuselpetersilie.

Schnittlauch

LINKS: Das Rot dieses einfach bemalten Tontopfes harmoniert mit der Farbe der Geranienblüte und bildet einen kräftigen Kontrast zu dem karierten Tuch.

OBEN: Die Gruppe mit den drei bunten Blumentöpfen ist ein auffälliger Blickfang. Damit der Schnittlauch sein Aroma behält: Blüten abschneiden.

Holzkübel für draußen

Seit Menschen überhaupt Gärten pflegen, werden Kübel für draußen aus Holz gemacht. Neben Stein und Ton war Holz immer ein wichtiges Material in der Gartengestaltung. Während man früher Eichen- und Ulmenholz verwendete, sind heute weichere Hölzer an ihre Stelle getreten, vor allem seit man von den ökologisch bedenklichen Importhölzern wie Teak abkam. Weiches Holz ist nicht so dauerhaft wie Hartholz, aber es wird heute mit Holzschutzmitteln behandelt und hält einer normalen Verwendung im Garten durchaus Stand. Es kann einfach gestrichen oder mit Holzlasur eingelassen werden und dabei ist es um schlichtes altes Fichtenholz nicht schade, wenn es übermalt wird, während Eichenholz mit der Zeit zu einem schönen Silbergrau verwittert und es fast ein Verbrechen wäre, es zu streichen.

Es gibt viele Spezialfarben für Außenanstriche, und speziell für Holz, nach denen man sich umsehen sollte. Es gibt sie in vielerlei Farben und es macht Spaß, die Farbe des Kübels auf die Farbe der dafür vorgesehenen Pflanzen abzustimmen oder Kontrastfarben oder auch eine Schockfarbe zu verwenden, je nach persönlichem Mut und beabsichtigter Wirkung. Nichts spricht dagegen, die Farbe der Balkonkästen jedes Jahr zu ändern, wenn man das möchte. Viele Farben kann man direkt auf altes oder junges Holz ohne Vorbehandlung, Grundierung oder Voranstrich auftragen und sie sollen luftdurchlässig sein, damit das Holz »atmen« kann.

LINKS: Wettergegerbte Holzkübel wie dieser haben einen ganz eigenen Charme und bedürfen keiner Verschönerung.

RECHTS: Alle möglichen alten Holzkisten und Kästen können zu hübschen Behältern für Pflanzen werden, wenn man sie mit etwas Farbe verschönert.

Majoran

Man kann gebrauchte Holzkisten einer neuen Verwendung zuführen und attraktive Pflanzkästen daraus machen, selbst wenn sie nicht sehr dauerhaft sind, vielleicht nur einen Sommer halten. Beispielsweise ist es besser, einen alten Korb zu bepflanzen, als ihn wegzuwerfen. Obst und Gemüse wird noch immer in Holzkisten verpackt, die man streichen und mit kleinen, schwach wurzelnden Arten bepflanzen kann, etwa mit Thymian. Man braucht sich nur ein wenig umzusehen und auszuprobieren, was möglicherweise brauchbar wäre, um Pflanzen aufzunehmen. Ein leeres Faß, in der Mitte halbiert, ist noch immer der allerbeste Kübel und groß genug, um für einige Jahre einen ausreichend großen, stattlichen Kräutergarten aufzunehmen. Ein solcher Kübel ist in seinem natürlichen Holzton am schönsten.

OBEN: Der Gartenthymian, die in der Küche verwendete Art, ist eine Kulturform des wilden Thymians der in den bergigen Gebieten des Mittelmeerraumes zuhause ist.

RECHTS: Die Thymian-Arten und -Sorten haben Blütenfarben von Weiß bis Dunkelviolett und auch die Laubfarbe variiert von Hellgrün bis Blaugrün.

Allerlei Thymian in einer Obstkiste

Hier dient eine alte Obstkiste als Pflanzkübel. Sie ist in einem hübschen Grünton gestrichen, der zu den Pflanzen paßt. Wenn sie bepflanzt ist, und die Kräuter wachsen, sieht sie am hübschesten aus, wenn sie etwas erhöht auf einem Tisch oder einem Hocker aufgestellt wird. Thymian liebt Sonne und gute Drainage. Für die Gestaltung braucht man eine Obstkiste, Folie zum Auslegen, geeignete matte Farbe, Erde und mehrere Thymianpflanzen.

Thymian

1 Mit wetterfester Holzfarbe, matt in einem hellen Grünton werden die Außenseiten und die oberen Bereiche der Innenseite gestrichen.

2 Den Boden so mit schwarzer Folie auslegen, daß die Ränder etwas nach oben reichen. In den Boden in gleichmäßigen Abständen Löcher stechen für den Wasserabzug.

3 Die Kiste mit Erde füllen, die mit Grit oder grobem Sand vermischt ist und dicht mit verschiedenem Thymian bepflanzen. Höhere Sorten nach hinten, niedrigere an die Vorderseite der Kiste.

Austernkistchen mit Duftgeranien

Pelargonien werden üblicherweise als Geranien bezeichnet und oft gibt es wegen der beiden Namen Verwirrung. Duftgeranien oder -Pelargonien sind hübsche Pflanzen für den Wintergarten oder für draußen, und bei jeder Art duftet das Laub anders. Viele haben sehr unscheinbare Blüten und werden nur wegen des Laubes gezogen. Für eine Zusammenstellung wie hier abgebildet, ist es sinnvoll, auch einige dekorative Sorten wie 'Unique' oder 'Regals' vorzusehen, damit ein paar Blüten dazukommen. Die Austernkiste mit Lochfolie auslegen und mit Erde, mit Sand vermischt, füllen. Mit verschiedenen Pelargonien bepflanzen, vielleicht Lavendel oder Rosmarin als Blattkontrast dazwischen.

LINKS: Verschiedene Arten von Duftgeranien bieten eine Fülle unterschiedlichster Düfte wie fruchtiges Apfelaroma, Orange, Zitrone oder Pfefferminz.

OBEN: Dieses Holzfaß ist ein attraktiver Pflanzkübel, hier mit Kräutern und Hosta bepflanzt. Er ist mit Folie ausgelegt, die Löcher für den Wasserabzug hat.

Holzkorb mit Hornveilchen

Eine hübsche Gestaltung für Frühling und Frühsommer entsteht, wenn man einen Holzkorb mit violetten Hornveilchen oder Wilden Stiefmütterchen bepflanzt. Auch jeder flache Spankorb ist dafür geeignet. Wenn die Hornveilchen im Sommer verblüht sind, nimmt man sie heraus und pflanzt sie in eine Rabatte im Garten, wo sie im nächsten Jahr wieder blühen. Wilde Stiefmütterchen vermehren sich durch Selbstaussaat. Während der Blütezeit sieht der Korb auf einem Gartentisch besonders hübsch aus.

1 In den Holzboden Löcher bohren und ein Holzschutzmittel gegen die Feuchtigkeit auftragen.

2 Über einer Kiesschicht die Erde einfüllen.

3 Wie einen normalen Blumenkasten mit Hornveilchen oder Wilden Stiefmütterchen bepflanzen, gut wässern und noch etwas Erde nachfüllen, wenn nötig.

Wildes Stiefmütterchen

Schnittlauch

UNTEN: *Dieser einfache Balkonkasten enthält eine üppige Bepflanzung mit Thymian, Petersilie, Schnittlauch, Kapuzinerkresse, Fenchel und vielem mehr.*

Küchenkräuter im Balkonkasten

Ein Balkonkasten mit Küchenkräutern ist nützlich und schön, denn man kann Pflanzen verwenden, die das ganze Jahr über gut aussehen. Zwischen die ausdauernden Arten als Grundbepflanzung kann man einjährige oder nur kurz blühende Pflanzen einfügen, um Farbe hineinzubringen und im Frühling können kleine Zwiebelblumen dazwischen blühen. Der lichtblaue Anstrich des Kastens paßt sehr gut zu den Kräutern. Die Farbe sollte möglichst matt sein. Der Balkonkasten unten enthält Römischen Ampfer mit seinen schildförmigen Blättern (*Rumex scutatus*), goldfarbenen Thymian, panaschierten Salbei und Majoran, Zitronenmelisse, Basilikum und anderes.

Römischer Ampfer

RECHTS: Hier ergeben Salbei, Lavendel und Duftgeranien zusammen mit Erdbeeren ein üppig wucherndes Gewirr.

UNTEN: Der Römische Ampfer sollte möglichst in voller Sonne in guter, durchlässiger Erde stehen.

Weihnachtlicher Schmuck

Weihnachten verbindet man nicht unbedingt mit Kräutern, denn in unserer Vorstellung gehören Kräuterduft und der Geschmack von Kräutern eher dem Sommer an. Aber einige Kräuter sind auch in den Wintermonaten grün und aromatisch und viele sind getrocknet höchst dekorativ. Die glänzenden Blätter von Buchs und Lorbeer sind zu dieser Zeit in bester Verfassung zur Verwendung in der Binderei und bei mildem Wetter blüht oftmals der Rosmarin an geschützten Stellen. Auch Thymian-Arten sind immergrün, allerdings sind sie im Winter nicht so aromatisch wie im Sommer.

Natürlicher Advents- und Weihnachtsschmuck ist immer hübscher als künstlicher und wer etwas vorsorgt, kann vielerlei Material verwenden. Im Herbst sammelt man Blätter und preßt und trocknet sie, Beeren trocknet man je nach Art am Zweig oder lose. Getrocknete Rosen und Sommerblumen bringen bunte Farben, silberfarbene und weiße Trockenblumen und Blätter einen Hauch von Kälte und Schnee. All das wird kombiniert mit Gewürzen und anderen duftenden Dingen wie frischen Zitrusschalen, Eukalyptuslaub, Nüssen in der Schale, Samenständen und Früchten. Wer alles etwas glänzender und prächtiger möchte, kann Tupfer von Silber- oder Goldfarbe aufbringen oder Teile mit Goldspray besprühen oder goldene oder silberne Blätter einfügen. Damit sollte man allerdings sehr zurückhaltend sein, um die zarte Schönheit der natürlichen Bestandteile nicht zu zerstören. Die wirkungsvollsten Dekorationen sind oft die allereinfachsten, deshalb sollte man sich nichts zu kompliziertes oder aufwendiges vornehmen. Kleine Trockenblumensträußchen ergeben einen reizenden Christbaumschmuck. Sie werden entweder mit Draht befestigt oder mit feiner Goldkordel oder Band auf die Zweige gebunden. Ein Baum, der über und über so geschmückt ist, sieht bezaubernd aus. Die Sträußchen können aber auch zusammen mit anderem konventionellen Baumschmuck verwendet werden.

Thymian

RECHTS: Der Zauber duftender Kräuter paßt auch zum weihnachtlichen Schmuck. Rosmarin, das Symbol für Freundschaft, mit seinem kräftigen Piniienduft ist eine schöne Ergänzung zu dem traditionellen Grün.

Auch der Tischschmuck für Weihnachten kann Kräuter enthalten. Eine schlichte Pyramide aus frischem Obst, glänzenden roten Äpfeln, Zitronen oder Orangen sieht wundervoll aus, wenn dazwischen glänzende Lorbeerblätter stecken. Kleine Sträußchen von Lorbeer und Rosmarin können die Servietten der Gäste zieren. Getrocknete Rosen und frischer Rosmarin ergeben hübsche Sträußchen als Schmuck für die einzelnen Gedecke, am schönsten, wenn sie in kleinen roten Gläsern stehen. Für die nächste Weihnachtszeit also frische und getrocknete Kräuter nicht vergessen!

Fruchtschale mit Granatäpfeln

Granatäpfel wirken sehr festlich mit ihrem leuchtenden Rot bis Korallenrot und der hübschen Form. Nichts ist einfacher, als sie in einer Schale aufzutürmen und als Kontrast ein paar Zweige eines immergrünen Krautes dazuzulegen. Das ergibt einen wundervollen Tischschmuck für das große Weihnachtsessen. Wenn die Tischdekoration nicht mehr gebraucht wird, legt man die Granatäpfel an einen warmen Platz zum Trocknen. Sie können dann später für andere Dekorationszwecke wieder verwendet werden. Das wird gebraucht:

Glasschale mit Fuß
8 Granatäpfel
kleine rote Äpfel oder Beeren
1 Bund frischer Lorbeer
1 Bund frischer Rosmarin

1 Alle Pflanzen und Früchte bereitlegen. Früchte mit einem weichen Tuch polieren.

2 Granatäpfel in der Schale aufhäufen. Die Äpfel oder Beeren dazwischen verteilen.

Rosmarin

3 Einzelne Lorbeerblätter abschneiden und zwischen die Früchte stecken, ebenso kurze Zweige von Rosmarin.

Christbaumschmuck

Kleine Sträußchen als Schmuck für den Christbaum sind einfach zu machen, und wenn man sie sorgfältig aufbewahrt, können sie Jahr für Jahr verwendet werden. Wer möchte, kann etwas Duftöl auf die Sträußchen träufeln.

Frischer oder getrockneter Rosmarin
getrocknetes Schleierkraut
kleine getrocknete rote Rosen
getrocknete Kornblumen
dünner Draht

1 Alle Teile bereitlegen. Den Rosmarin und das Schleierkraut in kleine Stücke schneiden und in getrennten Häufchen griffbereit legen. Rosenstiele kürzen.

2 Zwei oder drei Zweige Rosmarin auf den Arbeitstisch legen, einen Stiel Schleierkraut darauflegen.

3 Mit ein paar Rosen und Kornblumen ein Sträußchen machen.

4 Die Stiele mit Draht so zusammenbinden, daß ein flaches, fächerförmiges Gebinde entsteht. Ein Drahtende lang genug lassen zur Befestigung am Baum.

Geschmückte Kerzen

Es ist wunderschön, um die Weihnachtszeit das Haus mit vielen Kerzen zu erleuchten. An große, lange brennende Kirchenkerzen kann man kleine Bündel aus Kräutern oder einzelne Zweige binden und sie mit einem festlichen Band in einer schönen Farbe schmücken.

OBEN: Mit diesen hübschen kleinen Sträußchen aus Blumen und Kräutern kann man auch Spiegel- oder Bilderrahmen verzieren oder die Servietten für eine festliche Tafel.

RECHTS: Mehrere Kerzen in unterschiedlichen Größen, gleichmäßig mit Kräutersträußchen geschmückt, sind ein stimmungsvoller Tischschmuck.

Buchspyramide

Diesen kleinen Baum kann man in jeder beliebigen Größe fertigen und mit jedem immergrünen, kleinblättrigen Laub. Sogar verschiedene Gehölze mit unterschiedlicher Blattstruktur und -färbung sind denkbar. Die Pyramide kann auch ohne Stamm und Topf unmittelbar auf einer Fläche stehen.

Buchszweige
Heißklebepistole
Pyramide aus Steckschaum
Ein kurzes Aststück als Stamm
Tontopf
Steckschaum für den Topf
Flechten oder Moos

1 Den Buchs in kleine handliche Zweigstücke zerteilen. Klebepistole anheizen.

Buchs

2 Am unteren Rand der Pyramide beginnend, die Zweige festkleben, dabei systematisch rundum arbeiten und den Untergrund vollständig abdecken.

3 Wenn die Pyramide ganz mit Blättern bedeckt ist, in die Grundfläche ein Loch für den Stamm schneiden. Den Stamm einkleben. Den Blumentopf mit Steckschaum füllen und den Stamm hineinstoßen. Den Baum mit echten oder künstlichen Früchten schmücken. Den Schaumstoff im Topf mit Moos oder Flechtenstücken abdecken.

Kräuter zur Körperpflege

Badeöle, Peelings, Gele

Ein Bad hatte zwar zu allen Zeiten die ganz nüchterne Funktion der Körperreinigung, aber trotzdem verbindet man damit auch Vergnügen und Entspannung. Seit man entdeckt hat, wie wohltuend ein Bad sein kann, was erst mit der Erzeugung ausreichender Mengen heißen Wassers möglich wurde, hat man Methoden entwickelt, Bäder immer angenehmer und wirkungsvoller zu machen. Seit frühesten Zeiten wurden alle möglichen Arten von Zusätzen ins Badewasser gegeben, um die Haut zu glätten und zu reinigen, Feuchtigkeitsverluste auszugleichen oder auch nur, um das Wasser weich zu machen und zu parfümieren. Kräuter und Blüten spielten dabei schon immer eine Rolle, von den rosenduftenden Bädern der Römer bis zu unseren heutigen, kräftigenden Peelings und Gelen auf der Basis von Kräutern und natürlichen Aromen.

Es ist nicht schwierig, selbst Zusätze für wohlige Bäder herzustellen. Man kann einfach köstlich duftende ätherische Öle in heißem Badewasser auflösen oder man kann Peelings herstellen oder kleine Säckchen, die man unter den Wasserhahn hängt.

Manche gekauften Badezusätze sind sehr scharf, da sie Detergentien enthalten, die der Haut Fett entziehen, aber den Schaum erzeugen, den die Leute offenbar möchten. Nur die wenigsten sind feuchtigkeitsspendend. Hafer und Hafermehl sind gute Mittel, um die Haut zart zu machen und schonend zu reinigen. Ein Mullsäckchen mit rohem Hafer, das man im warmen Badewasser schwenkt, macht das Wasser seidenweich. Mit Kräutern, Rosenblättern und anderen Düften ergibt das eine wahrhaft köstliche Mischung.

RECHTS: Badezusätze kann man ganz einfach selbst herstellen und es macht Spaß. Außerdem pflegen diese natürlichen Mittel die Haut, sie wirken entspannend und erfrischen den Körper.

Zitronenthymian

Zitronenstrauch

Die traditionellen Kräuterbäder bestehen aus Rosmarin, Lavendel und Rosenblättern. Man kann aber auch andere Zutaten ausprobieren, um einen ganz bestimmten Duft und eine spezielle Wirkung auf die Haut zu erhalten. Bei vielen Rezepten werden von getrockneten Kräutern wesentlich kleinere Mengen benötigt als von frischen Kräutern. Wer aber frische Kräuter zur Verfügung hat, sollte sie unbedingt nutzen und die Mengen dann mindestens verdoppeln. Die meisten Zutaten für die aufgeführten Rezepte sind in Apotheken erhältlich oder können dort bestellt werden, sie sind aber auch in vielen Reformhäusern, Bioläden und Naturkosmetikläden zu haben. Die meisten Zutaten sind erstaunlich billig, verglichen mit käuflichen Badezusätzen.

Kräuterschaumbad

Medizinische Kernseife oder Neutralseife für dieses Gel kann man in Drogerien kaufen. Sie enthält keine Geruchsstoffe oder Zusätze.

250 ml Wasser
1 Eßlöffel Waldmeister
1 Eßlöffel Pfefferminze
5 Eßlöffel Kernseife
1 Eßlöffel Beinwell
1 Eßlöffel Angelika
2 Eßlöffel Glycerin
2 Eßlöffel Hamamelis
5 Tropfen Verbenaöl
1 Eßlöffel gemahlene Gelatine

ergibt etwa 350 ml

Angelika

Waldmeister

LINKS: Dieses Rezept ergibt ein angenehm mildes Kräuterbad mit gutem Schaum, wenn man das Wasser darüber laufen läßt.

1 Alle Zutaten bereitstellen, Mengen abmessen, Wasser kochen.

2 Die Kräuter mit dem kochenden Wasser überbrühen und die Seife reiben.

3 Den Aufguß durchsieben und die Kräuter beseitigen. Seife in den Sud geben und umrühren. Hamamelis, Glyzerin und Öl vermischen und in den Kräutersud geben.

4 In diese Mischung gibt man die Gelatine und verrührt sie sorgfältig, bis sie vollständig aufgelöst ist. Abgekühlt in kleine Flaschen füllen.

Aromatisches Badeöl

Badeöle bilden einen Ölfilm auf dem Badewasser. Sie lassen sich nicht mit dem Wasser vermischen, wenn sie nicht als Emulsion hergestellt sind. Die Haut fühlt sich danach sehr weich an. Diese Öle können auch mit ätherischen Ölen parfümiert werden. Nach dem Bad tupft man die Haut trokken, ohne zu reiben.

125 ml Benzoetinktur
50 ml Avocadoöl
10 Tropfen Sandelholzöl
10 Tropfen Zimtöl
10 Tropfen Orangenöl
10 Tropfen Basilikumöl
10 Tropfen Rosmarinöl

Alle Zutaten mischen und gründlich schütteln. Je Bad 1 Eßlöffel verwenden. Das Avocadoöl kann man durch Aprikosen- oder Mandelöl ersetzen.

Kräutersäckchen für das Bad

Diese Säckchen kann man in größerer Menge herstellen und jeweils eines für ein Bad verwenden. Hier sind sie aus einem hübschen Stoff genäht, aber für den Alltagsgebrauch kann die Kräutermischung auch einfach in ein Stückchen Mulltuch gefüllt und mit Schnur zugebunden werden. Das Mulltuch kann sogar wiederverwendet werden, wenn die Kräuter ihre Wirkung verloren haben. Die Säckchen werden verwendet, indem man entweder eines ins Badewasser wirft und während des Bades darin läßt, oder man hält es unter den Wasserhahn und läßt das Wasser darüberlaufen. Die Kräutermischung ist erfrischend und anregend; eine andere Wirkung erzielt man mit anderen Kräutern.

4 Becher getrocknetes (Echtes) Eisenkraut
2 Becher getrockneter Thymian
1 Becher getrocknete Pfefferminze
wasserdurchlässiger Stoff aus Organza oder Mull

1 Die Kräuter in einer Schüssel mischen. Aus dem Stoff rechteckige Stücke für die Säckchen schneiden, so daß sie gefaltet ein Quadrat ergeben und zusätzlich etwas für den Einschlag am oberen Rand.

2 Rechts auf rechts gelegt, die Seiten zusammennähen, wenden und den oberen Rand zum Versäubern umschlagen und festnähen. Mit der Kräutermischung füllen und das Säckchen mit Band oder Schnur zubinden.

Schälkur für den Körper

Mit dieser sandig rauhen Mischung reibt man die nasse Haut vor dem Bad kräftig ab, dann wird sie abgespült. Die Haferkleie glättet die Haut und macht sie wundervoll weich, und der Thymian ist besonders erfrischend und adstringierend. Orangen und Rosen bringen den feinen Duft. Für die Herstellung wird eine kleine Kaffee- oder Gewürzmühle benötigt, mit der alle Zutaten gemahlen werden.

3 Becher grobe Haferkleie
1 Becher getrocknete duftende Rosenblätter
1 Becher getrockneter Thymian
getrocknete Schalen von zwei Orangen

1 Zutaten abmessen. Einen luftdichten Behälter für die fertige Mischung bereitstellen.

2 In kleinen Mengen jeweils eine Mischung aus den Zutaten mahlen.

3 Zuletzt das ganze Mahlgut gründlich miteinander vermischen, dann in den Behälter füllen und kühl aufbewahren.

Thymian

Duftwässer und Parfums

Bis vor einiger Zeit kam niemand ernstlich auf die Idee, Parfums oder Kölnisch Wasser selbst herzustellen. Seit es aber so einfach geworden ist, natürliche ätherische Öle zu kaufen, gibt es keinen Grund, nicht selbst eigene Duftmischungen herzustellen. Sie haben vielleicht nicht die Raffinesse der berühmten Marken französischer Parfumeure, die fabelhafte Zutaten aus der ganzen Welt verwenden können, aber sie können frisch und angenehm sein und der Preis ist nur ein Bruchteil von dem was Markenparfums kosten.

Während Parfums nur selten hausgemacht waren, haben Duftwässer und Eau de Cologne eine lange Geschichte, vom einfachen Rosenwasser, mit dem im Mittelalter ein müder Gast bei seiner Ankunft besprüht wurde bis zu den Lavendelwässerchen der viktorianischen Zeit. Die Verwendung von Parfum galt bei Menschen mit strengen religiösen Grundsätzen als weltliche Eitelkeit und war verwerflich, aber Wässer galten als schlicht und heilsam und waren deshalb zulässig, um eine heiße Stirn an Sommertagen zu kühlen, das Handgelenk innen zu betupfen und das Taschentuch damit zu besprühen. Es ist wichtig, nur völlig reine ätherische Öle zu verwenden, die bestimmt nicht verdünnt oder verfälscht sind, und sie bei einem guten Fachgeschäft zu kaufen, das die Reinheit garantiert. Eine gute Methode, dies zu prüfen, ist zu schauen, ob die Öle unterschiedliche Preise haben. Bei einigen sind die Rohstoffe und die Herstellung teurer als bei anderen. Wenn alle zum gleichen Preis angeboten werden, ist es unwahrscheinlich, daß die kostbareren Öle wirklich rein sind.

Rosmarin

RECHTS: Duftwässer und Parfums kann man einfach und preiswert selbst herstellen. Sie ergeben schöne Geschenke für Freunde und Verwandte, wenn man sie in hübsche Fläschchen füllt und mit Band oder kleinen Kräutersträußchen verziert.

Bei manchen Menschen rufen bestimmte Öle auf der Haut allergische Reaktionen oder Reizungen hervor. Bei den meisten Wässern sind die Öle stark verdünnt, aber man sollte immer vorsichtig sein und auf jede Veränderung der Haut achten. Einige, beispielsweise Bergamotte (*Monarda didyma*, Indianernessel), können auch in verdünnter Form eine erhöhte Lichtempfindlichkeit der Haut hervorrufen. Man sollte dies immer erst vorsichtig an sich ausprobieren und ein Öl keinesfalls an jemanden weitergeben, dessen Unempfindlichkeit nicht erwiesen ist. Dieses Bergamotteöl darf nicht mit dem Öl der Bergamotteorange verwechselt werden, das in der Parfumherstellung viel verwendet wird. Der Duft ist sehr ähnlich, daher der gleiche Name, aber das Orangenöl ist völlig harmlos.

Wer erst einmal versucht hat, selbst Düfte zu mischen, wird vielleicht den Wunsch verspüren, weiter zu experimentieren und auch selbst Parfums zu machen. Das kann sehr faszinierend sein und ergibt ganz besondere Geschenke für Freunde und Verwandte. Dafür sollte man sich nach gebrauchten Parfumfläschchen umsehen, um die Eigenkreationen darin abzufüllen. Man kann auch eigens schöne neue Fläschchen dafür kaufen, aber dabei ist darauf zu achten, daß sie absolut luftdicht verschließbar sein müssen, damit der Inhalt nicht verdunstet.

Reinen Alkohol als Basis für Parfums und Duftwässer erhält man in der Apotheke (Weingeist für Heilzwecke mit 90%vol), gut brauchbar ist auch Isoprophylalkohol. Ein Ersatz ist Wodka, weil er keinen Eigengeruch hat, der Alkoholgehalt ist aber wesentlich niedriger.

Die meisten Rezepte sind sehr einfach, es dauert aber einige Zeit bis die Zutaten sich verbinden und reifen. Deshalb sollte man die hier angegebenen Lagerzeiten bedenken, und mit der Herstellung rechtzeitig beginnen.

Indianernessel

RECHTS: *Dieses nach Zitronen duftende Toilettenwasser kann man großzügig anwenden - es wirkt angenehm kühlend an einem heißen Sommertag. Wenn es ein Geschenk werden soll, sollte man es möglichst schon einige Monate vorher zubereiten, damit sich der Duft entwickeln kann.*

Duftwasser aus Orangen und Verbena

Ein frisches, würziges Duftwasser für die Verwendung nach dem Bad oder der Dusche. Orangenblütenwasser gibt es in Feinkostgeschäften, Kräuterläden und Drogerien.

1 unbehandelte Orange
1 unbehandelte Zitrone
1 Becher getrocknetes Eisenkraut
600 ml Wodka
140 ml Orangenblütenwasser
10 Tropfen Orangenöl
10 Tropfen Verbenaöl
5 Tropfen Bergamotteöl
5 Tropfen Rose Geranium Oil

Ergibt etwa 750 ml Toilettenwasser

1 Zutaten bereitstellen und abmessen und eine geeignete luftdichte Flasche für die Aufbewahrung auswählen. Früchte waschen, abtrocknen und schälen.

Echtes Eisenkraut

2 Schalen und Eisenkraut in den Alkohol geben. Umrühren, mit Klarsichtfolie abdecken oder in ein Glas mit Schraubdeckel füllen und etwa eine Woche stehen lassen, gelegentlich schütteln.

3 Die Flüssigkeit durchsieben und Schalen und Kräuter wegwerfen.

4 Orangenwasser und die ätherischen Öle zufügen, gut umrühren. Abfüllen und möglichst lange, aber wenigstens zwei Monate lagern.

Rosen-Vanille-Parfum

Ein üppiges, süßes Parfum, wundervoll und sehr weiblich. Rosenöl ist ein kostbares ätherisches Öl, das man notfalls durch Geraniumöl ersetzen kann. Petitgrainöl wird in der Parfumherstellung verwendet und ist in Kräuterläden und guten Reformhäusern zu bekommen. Bei der Verwendung von Vanille in der Kosmetik sollte man immer reines Vanilleöl oder Vanilleextrakt verwenden und nicht den in der Küche verwendeten Extrakt auf Alkoholbasis.

70 ml Wodka oder 30 ml Weingeist
15 ml (1 Eßlöffel) Rosenwasser
1 Becher getrocknete duftende Rosenblätter
2 Vanilleschoten
10 Tropfen Rosenöl
10 Tropfen Vanilleöl
10 Tropfen Petitgrainöl
5 Tropfen Ylang-Ylang

Rose

1 Den Wodka und die Rosenblätter abmessen, die Blütenblätter abzupfen, wenn es ganze Blüten sind.

2 Vanilleschoten aufschneiden und mit den Rosenblättern in den Wodka geben. Zudecken und eine Woche stehen lassen.

3 Wodka durchsieben, Rosenwasser zufügen, gut vermischen. Die ätherischen Öle tropfenweise unter Rühren zufügen.

4 In eine Flasche füllen und etwa vier Wochen stehen lassen. Dann nochmals filtern und für die Verwendung in eine Flasche füllen.

Limettenwasser, Gesichtswasser für Herren

Ein duftendes Toilettenwasser auf Limettenbasis für Gesicht und Körper. Die Limetten müssen möglichst frisch sein, sonst ist das in der Schale enthaltene Öl verdunstet.

2 frische Limetten
250 ml Wodka
15 Tropfen Limettenöl
10 Tropfen Petitgrainöl
5 Tropfen Lavendelöl
5 Tropfen Bergamotteöl
5 Tropfen Lorbeeröl
1 Teelöffel Benzoetinktur
250 ml Rosenwasser

Lorbeer

RECHTS: Die Benzoetinktur hat hier drei Funktionen: Sie wirkt adstringierend und desinfizierend und außerdem konservierend.

1 Alle Zutaten zurechtlegen und zunächst beiseitestellen. Wodka in ein Behältnis gießen.

2 Die Limetten schälen und die Schalen in den Wodka legen. Zudecken und eine Woche ziehen lassen.

3 Ätherische Öle und Benzoe in das Rosenwasser geben und gut verrühren. Wodka durchsieben, Limettenschalen wegwerfen. Rosenwasser mit dem Wodka mischen. Gut durchschütteln und abfüllen. Vier Wochen ziehen lassen, dann filtrieren und für die Verwendung abfüllen.

Lavendel

Rosmarin

Kölnisch Wasser

Ein angenehmes Toilettenwasser, das man verwendet, wenn man sich frisch machen möchte. Von dem traditionsreichen Rezept gibt es mehrere Versionen, bei denen Neroliöl benötigt wird, das sehr teuer ist, aber man benötigt nicht viel.

12 Tropfen Bergamotteöl
12 Tropfen Zitronenöl
20 Tropfen Orangenöl
3 Tropfen Neroliöl
3 Tropfen Rosmarinöl
2 Tropfen Basilikumöl
100 ml Wodka
30 ml destilliertes Wasser

Die Öle mit dem Wodka gut vermischen. Zudecken und 48 Stunden stehen lassen. Wasser zugeben und wieder umrühren. Weitere 48 Stunden, wenn man Zeit hat, auch bis vier Wochen stehen lassen. Durch Filterpapier gießen. Wenn es zu stark ist, mit mehr Wasser verdünnen, abfüllen.

Pflege für Hände und Füße

Hände und Füße sind die am stärksten beanspruchten Körperteile aber auch die am stärksten vernachlässigten. Während wir unserem Gesicht und Körper höchste Aufmerksamkeit und Pflege zukommen lassen, werden vor allem die Füße mehr oder weniger übersehen. Die Hände leiden doppelt, einmal unter der Kälte und den schädlichen Sonnenstrahlen, denen sie täglich ausgesetzt sind und zum andern unter all den scharfen Putz- und Waschmitteln, die wir unablässig benützen, ohne darüber nachzudenken, wie schädlich sie sind. Kräuter sind hier außerordentlich hilfreich und ergeben eine wundervolle Kosmetik zur Pflege unserer abgearbeiteten Hände und Füße.

Seit Jahrhunderten beruhigen die Menschen ihre müden, schmerzenden Füße in heißen Fußbädern aus duftenden Kräutern und anderen würzigen Zutaten. Pfefferminze und Eukalyptus haben eine wundervoll belebende Wirkung, indem sie die Blutzirkulation anregen und eine prickelnde Wärme erzeugen. Es ist ganz einfach, am Ende eines langen Tages mit ein paar Tropfen ätherischen Öls in heißem Wasser ein schnelles Fußbad zu bereiten. Kräuter, die den Füßen gut tun, sind Ringelblumen gegen harte oder verhornte Haut, und Fenchel, Lavendel und Kamille gegen geschwollene Füße. Geranienöl ist sehr wirksam, um die Haut-Elastizität an den Füßen zu verbessern, und es regt die Blutzirkulation an.

Die Hände haben eine kräftige Ernährung nötiger als eine belebende Behandlung. Nägel und Nagelhaut sind besondere Problemzonen. Viele altmodische Handcremes haben den Zweck, die Hände zart und weiß zu erhalten.

RECHTS: Kräuter haben viele gute Eigenschaften: sie pflegen geschundene Hände und Füße, heilen und schützen sie als Creme, Gel oder Badezusatz.

Rose

Wir stören uns heute nicht allzusehr an Sommersprossen, aber es ist sinnvoll, die Hände vor zu starker Sonne zu schützen, weil sie schneller als alle anderen Partien des Körpers altern.

Holunderblüten und Kamille sind bewährte Mittel zur Pflege der Hände und ebenso Rosenblätter, Lavendel, Ringelblume und Geranie. Gemischt mit Ölen und Cremes können sie die Beschaffenheit der Haut an den Händen verbessern. Wer viel Zeit mit harten, schmutzigen Tätigkeiten verbringt, wie Gartenarbeit, sollte dringend etwas zum Schutz der Hände tun, jedenfalls vor Beginn der Arbeit eine Schutzcreme oder einen Balsam auftragen und wann immer möglich Handschuhe tragen.

Handcreme mit Mandeln und Rosen

Dies ist eine ziemlich feste Creme, die nach einem anstrengenden Tag langsam in die Hände einmassiert wird. Untertags verwendet man nur ganz wenig und reibt sie ein, bis die Haut sie vollständig aufgenommen hat. Da diese Creme Mandelöl enthält, ist sie auch gut für die Nägel.

3 Eßlöffel Mandelöl
3 Eßlöffel Kokosnußöl
2 Eßlöffel weißes Bienenwachsgranulat
4 Eßlöffel Glyzerin
5 Tropfen Rosen- oder Geraniumöl
10 Tropfen Oenotheraöl

1 Alle Zutaten bereitstellen und abmessen. In einem kleinen flachen Topf Wasser erhitzen.

2 Mandelöl, Kokosnußöl und Bienenwachs in einer Schüssel im Wasserbad schmelzen.

3 Glyzerin tropfenweise zugeben und alles zu einer cremigen Masse rühren.

4 Die ätherischen Öle zufügen, gut verrühren und in ein sauberes Glas füllen.

LINKS: Bei sehr beanspruchten Händen lohnt es sich, mehrere Gläser dieser gehaltvollen Creme zu machen und überall dort bereitzustellen, wo man sich die Hände wäscht.

Salbei

Rosmarin

Fußcreme mit Rosmarin, Lavendel und Salbei

Eine ideale Creme für rauhe trockene Haut an den Füßen. Granuliertes Bienenwachs ist besser, falls es zu bekommen ist, denn es schmilzt schneller als die kompakten Wachsstücke, die man reiben muß, damit sie schnell schmelzen.

2 Eßlöffel weißes Bienenwachsgranulat
2 Eßlöffel Kakaobutter
6 Eßlöffel Aprikosenkernöl
10 Tropfen Rosmarinöl
10 Tropfen Lavendelöl
10 Tropfen Salbeiöl
15 Tropfen Oenotheraöl (Nachtkerze)

Bienenwachs und Kakaobutter im Wasserbad schmelzen, dabei vorsichtig umrühren bis das Wachs vollständig geschmolzen ist. Aprikosenöl in einem anderen Töpfchen erwärmen und langsam unter ständigem Rühren zu der Wachsmischung geben. Von der Kochstelle nehmen und die ätherischen Öle und das Oenotheraöl zufügen. In kleine Dosen füllen und an einem kühlen Platz frischhalten.

Handgel aus Holunderblüten und Kamille

*D*ieses feine Gel ist sehr wirksam, um die Hände zart zu machen ohne zu fetten.

3 Eßlöffel Pfeilkraut
100 ml Wasser
2 Eßlöffel getrocknete Kamille
2 Eßlöffel getrocknete Holunderblüten
3 Eßlöffel Glyzerin

Kamille

1 Zutaten bereitstellen und abmessen. Kleine Töpfchen mit Schraubdeckel vorbereiten.

3 Das Glyzerin im Wasserbad erwärmen und das Pfeilkraut zugeben. Gut umrühren.

LINKS: Creme mit Kamille wirkt heilend. In diesem Handgel macht sie die Haut zart und geschmeidig. Holunderblüten wirken stärkend auf die Haut.

2 *Wasser erhitzen und die Kräuter hineingeben. Ziehen lassen, bis es abgekühlt ist.*

4 *Den Aufguß absieben. Nach und nach in die Mischung aus Glyzerin und Pfeilkraut geben und rühren bis es klar wird und zu gelieren beginnt. In Töpfchen füllen.*

Walnuß

Fußbad mit Walnuß, Lorbeer und Melisse

Aus etwa 10 Bechern frischer Kräuter auf 1 Liter kochendes Wasser einen kräftigen Aufguß bereiten und abkühlen lassen. Möglichst viele der folgenden Kräuter verwenden: Walnußblätter, Lorbeerblätter, Rosmarin, Lavendel, Salbei, Zitronenmelisse. Die Flüssigkeit durchsieben und einen Eßlöffel geraspelte Seife auf 1 Liter Sud unterschlagen. Einige Tropfen Rosmarin- und Lorbeeröl zufügen. Die Füße in dem Aufguß mindestens 10 Minuten baden. Anschließend trockentupfen und eine Nährcreme oder Mandelöl einmassieren, solange die Füße noch warm sind. Saubere Baumwollsocken anziehen und die Beine hochlegen. Die beste Wirkung hat das Fußbad vor dem Zubettgehen.

Gesicht und Körper

Kräuter können auf der Haut von Gesicht und Körper Wunder wirken. Unsere Haut hat jede mögliche Hilfe nötig, denn wenn die meisten Menschen sich heute zwar besser ernähren als frühere Generationen, ist unsere Haut doch dem zunehmend schädlichen Sonnenlicht ausgesetzt, der Luftverschmutzung ringsum und der Beanspruchung durch eine insgesamt zu anstrengende Lebensweise. An Haut und Haaren zeigen sich die ersten Zeichen einer Störung und obwohl wir alle wissen, daß wir uns mehr bewegen sollten, gesünder essen, weniger Alkohol trinken, mehr an die frische Luft gehen und so fort, tun nur die wenigsten wirklich etwas. Kräuter können helfen, angegriffene Haut zu heilen und weniger unmittelbar auch die Stimmung heben und das Gemüt beruhigen, was auch auf das äußere Aussehen großen Einfluß hat.

Viele Menschen benützen heute lieber Produkte aus naturbelassenen gesunden Bestandteilen und sogar viele Kosmetik- und Schönheitsfirmen bieten heute Naturprodukte an, selbst in ihren Spitzenprodukten.

Viele ganz einfache und ganz altmodische Mittel sind die allerbesten, Rosenwasser, beispielsweise, und Hamamelis werden seit Jahrzehnten für mildes, erfrischendes Gesichtswasser verwendet. Es ist ganz einfach herzustellen und so viel billiger als das käufliche. Die Zutaten für alle Rezepte sind in Apotheken erhältlich oder können dort bestellt werden, wenn sie nicht vorrätig sind. Außerdem gibt es einige Versender. Seit das Interesse an hausgemachter Kosmetik wieder groß ist, sind die Zutaten wesentlich leichter aufzutreiben als früher.

RECHTS: Kräuter sind wichtige Bestandteile in vielen Hautpflegemitteln wie Lotionen, Cremes, Tonics, Masken, Peelings, Reinigungscremes, Tages- und Nachtpflege, Dampfbädern und Kompressen.

Cremes und Lotionen zu machen, macht Spaß und meist ist es ganz einfach, aber es geht besser mit einiger Übung. Beispielsweise muß man wissen, wie man eine Emulsion herstellt. Eine Lotion oder eine Creme ist eine Emulsion aus mehreren Ölen in einer nicht öligen Substanz. Oft wird eine Flüssigkeit wie Rosenwasser den Ölen Tropfen um Tropfen zugesetzt, ähnlich wie man Mayonnaise rührt. Wenn die wäßrige Flüssigkeit auf das warme Öl trifft, und sich mit ihm vermischt, emulgiert es und wird trüb und cremig. Dieser Vorgang kommt bei vielen Rezepten vor. Es ist faszinierend, wenn man es zum erstenmal beobachtet. Gelegentlich geht es schief, meist weil die Temperatur oder die Mengen nicht stimmen, aber das kommt selten vor.

Rosen und Lavendel werden häufig für Hautpflegemittel verwendet, ebenso Ringelblumen, Holunderblüten und Kamille, außerdem Fenchel und Geranien.

Tonic mit Hamamelis und Rosenwasser

Ein scharfes, adstringierendes Tonic kann mehr schaden als nützen, aber nach Verwendung einer Reinigungscreme hat die Haut ein kühlendes Tonic dringend nötig. Wichtig ist ein gutes Rosenwasser. Manche Apotheken haben es ganz preiswert.

1 Eßlöffel Wodka
2 Eßlöffel Glyzerin
200 ml Rosenwasser
100 ml Hamamelis

Wodka und Glyzerin gut vermischen. Zum Rosenwasser geben und Hamamelis zufügen. In eine Flasche abfüllen und schütteln bis alles gut vermischt ist. Flasche vor Gebrauch jeweils schütteln. Einen Wattebausch damit befeuchten und sanft das Gesicht damit abtupfen.

Einfache Reinigungsmilch mit Minze

Eau-de-Cologne-Minze

*D*ie Reinigungsmilch wirkt angenehm kühlend und duftet frisch. Man kann sie in einem Mixer herstellen, dann bleiben auch nach dem Durchsieben noch kleine Minzereste in der Mischung. Deshalb muß man das Gesicht nach Anwendung gut abwaschen. Die Milch ist gut für empfindliche Haut.

300 ml H-Milch
4 Eßlöffel frische Minze

1 Milch abmessen und in eine saubere Schüssel schütten. Minze waschen und trocknen.

2 Minze fein hacken und zur Milch geben. Im Kühlschrank etwa 12 Stunden ziehen lassen.

3 Durchsieben und abfüllen. Im Kühlschrank aufbewahren.

Apfelminze

Feuchtigkeitscreme mit Orange und Aprikose

*E*ine recht reichhaltige Hautcreme für Gesicht oder Körper. Wer auf die Aprikosenfarbe Wert legt, verwendet eine Spur Lebensmittelfarbe. Das wird gebraucht:

2 Eßlöffel weißes Bienenwachsgranulat
4 Eßlöffel Aprikosenkernöl
2 Eßlöffel Kokosnußöl
2 Eßlöffel Glyzerin
2 Eßlöffel Orangenblütenwasser
3 Tropfen Orangenöl

1 Alle Zutaten bereitstellen. Das Wachsgranulat abmessen.

2 Wachs mit Aprikosenkernöl und Kokosnußöl im Wasserbad schmelzen und umrühren, bis es ganz gelöst ist.

LINKS: Orangenblütenwasser ist gut gegen trockene Haut und regt die Regeneration der Zellen an.

3 Glyzerin zu Bienenwachs und Öl geben und gut verrühren. Orangenblütenwasser gesondert erwärmen.

4 Schale aus dem Wasserbad nehmen und das Orangenblütenwasser tropfenweise unter Schlagen zugeben und weiterschlagen bis eine geschmeidige Creme entsteht. Orangenöl zugeben und gut umrühren. Nach Belieben färben. In kleine Döschen abfüllen.

OBEN: Das Gesicht für etwa 10 Minuten über den heißen Aufguß halten. Dann die Haut mit einem sauberen feuchten Gesichtstuch abtupfen. Die Haut wirkt dann sauber und erfrischt.

Fenchel

Gesichtsdampfbad mit Rosen

Ein besonders einfaches Schönheitsmittel ist ein Gesichtsdampfbad. Es ist wie eine Sauna für das Gesicht, die aber zusätzlich heilend und beruhigend wirkt durch die duftenden Kräuter. Für besonders angegriffene oder empfindliche Haut ist das Dampfbad nicht geeignet. Dafür werden einfach ein bis zwei handvoll frischer oder getrockneter Kräuter nach eigener Wahl in eine Schüssel gegeben und mit sehr heißem Wasser aufgegossen. Kurz ziehen lassen, dann das Gesicht über die Schüssel halten und ein Handtuch über Kopf und Schüssel legen, um die Hitze innen zu halten. Rosen sind dafür ganz besonders gut. Außerdem geeignet sind Basilikum, Kamille, Ringelblumen oder eine Mischung aus Fenchel und Lavendel.

Kräuter für das Haar

Für eine schöne Frisur ist zwar nichts so wichtig wie ein guter Schnitt, aber wie man das Haar wäscht und mit welchen Produkten man es behandelt, ist ebenfalls sehr wichtig. Bevor Haarwaschmittel und Festiger als Massenprodukte angeboten wurden, mußten die Menschen sie aus Zutaten herstellen, die sie zuhause einfach bekommen konnten und, wie für andere Haushaltsbereiche, kamen vernünftige Frauen auf Kräuter. Aus Blättern, Stielen, Blüten aus der Natur oder aus dem Garten bereiteten sie Haarwasser und Haarwaschmittel, die ihren Zweck erfüllten und dem Haar Glanz oder natürlich wirkende Farbe gaben. Bestimmte Pflanzen galten immer als gesunde Mittel für Haar und Kopfhaut, wie Weide, Schachtelhalm, Rosmarin, Schafgarbe, Brennessel und Kamille.

Heute waschen wir das Haar häufiger als unsere Vorfahren und müssen deshalb besonders auf seinen Zustand achten. Für besonders glänzendes Haar wäscht man es in einem milden Shampoo und spült und spült bis kein Rest mehr vorhanden ist. Sorgt man für einen leichten Ausgleich der Säurebilanz nach der Verwendung alkalischer Mittel, wird das Haar noch schöner. Es ist wohl nicht nötig zu betonen, daß eine gesunde Lebensweise und gute Ernährung von innen heraus mehr für das Haar tun können als alles, was man äußerlich anwendet.

Zeitweise hatte man angenommen, bestimmte Kräuter könnten eine Glatze beseitigen und den Haarwuchs anregen. Es ist ziemlich unwahrscheinlich, daß es ein solches Kraut gibt, aber sehr wohl können manche Kräuter die Durchblutung der Kopfhaut anregen und führen damit vielleicht zu kräftigerem und vollerem Haarwuchs.

Seifenkraut

RECHTS: Das Haar sollte die Pflege erhalten, die es verdient. Ein selbstgemachtes Shampoo oder eine Spülung sind ein natürlicher und das Haar schonender Ersatz für die käuflichen Produkte.

Seifenkraut (*Saponaria officinalis*) ist ein interessantes Kraut, das seinen Namen von seiner milden reinigenden Wirkung für Haar und Textilien erhalten hat. Aus den Wurzeln und Blättern wird eine Flüssigkeit gewonnen, die Fett und Schmutz löst und entfernt. Es ist seit der Römerzeit bekannt, möglicherweise noch länger. Man kann Seifenkraut getrocknet kaufen und für die Herstellung von Naturshampoos verwenden.

Spülung mit Holunderblüten

Eine gründliche Spülung, um die letzten Spuren von Shampoo aus dem Haar zu entfernen, ist wichtig für glänzendes, wirklich sauberes Haar. Dieses Grundrezept für eine Spülung kann man auch mit Kamille machen. Wenn man es aber öfter anwendet, bleicht die Kamille blondes oder graues Haar allmählich aus. Eine Flasche davon bewahrt man im Bad auf und gibt beim Haarewaschen etwas davon zur allerletzten Spülung übers Haar.

2 Liter Wasser
2 Handvoll getrocknete oder
4 Handvoll frische Holunderblüten
1 Zitrone

1 Alle Zutaten bereitstellen. Holunderblüten in eine große Schüssel geben.

2 Wasser aufkochen und über die Blüten gießen. Sorgfältig umrühren und ziehen lassen, bis es kalt ist. Zitrone auspressen und den Saft durchsieben.

3 Die Flüssigkeit durchsieben, die Blüten beseitigen. Zitronensaft zugeben und gut vermischen. In Flaschen abfüllen und gut verschließen. Eine Tasse voll als letzte Spülung nach der Haarwäsche verwenden.

Shampoo mit Ei und Seifenkraut

Ein mildes, ausgezeichnetes Shampoo für jeden Haartyp. Es muß anschließend gründlich ausgespült werden.

250 ml Wasser
1 Eßlöffel getrocknetes Seifenkraut
1 Eigelb
Saft von einer Zitrone, gesiebt

Wasser aufkochen und über das Seifenkraut gießen. Gut umrühren, dann ziehen und abkühlen lassen. Eigelb mit dem Zitronensaft verquirlen und zum abgekühlten Aufguß geben. Im Kühlschrank aufbewahren.

Haarwasser mit Buchs und Lorbeer

Dieses kräftige Haarwasser ist für Herren bestimmt. Es kräftigt die Haare und regt die Kopfhaut an. Es kann als Spülung verwendet werden oder zwischendurch einfach ins Haar gebürstet werden. Wenn möglich verwendet man frische Buchs- und Lorbeerblätter. Buchs kann man auch durch Schafgarbe oder Fenchel ersetzen. Folgendes wird gebraucht:

1 Becher Lorbeerblätter
1 Becher Buchsblätter
2 Liter Wasser
150 ml Kölnisch Wasser
150 ml Apfelweinessig

Buchs

1 *Alle Zutaten vorbereiten und die Mengen abmessen. Eine luftdicht verschließbare Flasche bereitstellen.*

2 Die Blätter von den Stielen streifen und in einen Topf füllen. Wasser zugeben, aufkochen. 20 Minuten schwach kochen.

3 Abkühlen lassen, dann die Blätter absieben und wegwerfen. Kölnisch Wasser mit dem Essig zu dem Sud geben. Abfüllen und verschließen. Vor Gebrauch jeweils gut schütteln.

Spülung mit Salbei und Rosmarin

Diese Spülung ist für brünettes Haar geeignet. Bei häufiger Anwendung gibt sie dunklem Haar einen tiefen Schimmer. Frische Kräuter sind am besten, aber man kann auch getrocknete verwenden. Zubereitung wie bei den Holunderblüten, aber statt Zitronensaft 100 ml Apfelessig zu je einer Handvoll Kräuter oder zu je zwei, bei frischen. Rosmarin wirkt gegen Schuppen und ist leicht antiseptisch.

Kräuter aus dem Garten

Kräuter ernten und konservieren

Frische Blätter und Blüten geben Salaten und vielen anderen Gerichten Aroma und Farbe, sie verschönern Häuser und Wohnungen und erfüllen sie mit ihrem Duft. Die meisten Kräuter, vor allem die zum Kochen verwendeten, entfalten ihre Eigenschaften frisch besser als getrocknet, aber sie sind normalerweise nur im Sommer verfügbar. Bevor moderne Anbaumethoden unter Glas und der Import von Obst und Gemüse üblich wurden, war das Trocknen von Kräutern eine der wenigen Möglichkeiten, sommerliche Genüsse für den kommenden Winter zu bewahren, und es ist nach den frischen Kräutern auch heute noch immer die nächstbeste Lösung. In der Floristik sind getrocknete Blüten und Kräuter zwar nicht mit den frischen Blumen vergleichbar, aber auch sie sind hübsch und dekorativ, wenn auch auf andere Weise, und man kann mit ihnen dauerhafte Dekorationen machen. Von vielen getrockneten Kräutern lassen sich in Aufgüssen die Aromastoffe lösen und so ergeben sie köstliche und heilsame Tees, während andere wieder in Potpourris oder Säckchen ihren Duft in Kleider- und Wäscheschränken weitergeben. Auch für die Schönheit und die Körperpflege werden viele getrocknete Kräuter verwendet.

Die Pflanzen, die sich am besten trocknen lassen und dabei ihr Aroma am besten bewahren, sind vor allem verholzende Arten wie Rosmarin, Thymian, Lorbeer, Salbei und Oregano. Auch andere Kräuter lassen sich trocknen, aber sie verlieren viel von ihrem vollen Geschmack und müssen getrocknet in größeren Mengen verwendet werden. Dazu gehören Petersilie, Minze, Estragon, Kerbel, Fenchelkraut und Dill. Krautige Pflanzen wie Schnittlauch, Boretsch, Basilikum und Zitronenmelisse lassen sich noch schlechter trocknen, man verwendet sie möglichst nur frisch.

Blätter von Kräutern haben kurz bevor sie blühen das beste Aroma und sollten geerntet werden, bevor die Pflanze Samen ansetzt. Man erntet die Kräuter morgens, sobald der Tau abgetrocknet ist und bevor die Sonne die ätherischen Öle, die den Pflanzen ihr Aroma geben, herausgezogen hat und bevor die Pflanzen in der Mittagshitze zu welken beginnen. Alte, vergilbte oder von Insekten beschädigte Blätter werden beseitigt, weil sie nicht hübsch aussehen. Dies ist vor allem dann wichtig, wenn die Blätter zu Dekorationszwecken verwendet werden sollen.

Liebstöckel

Blumen für Dekorationen erntet man am besten mittags bei trockenem Wetter. Man schneidet sie bevor sie voll erblüht sind und geht sehr vorsichtig mit ihnen um, damit die Blüten nicht beschädigt werden.

Kräuter sollen möglichst schnell trocknen, damit ihre Aromastoffe und die Farben erhalten bleiben. Aber direktes Sonnenlicht schadet ihnen. Sie können auf vielerlei Weise getrocknet werden: Einzelne Blätter und Blüten legt man auf Tabletts, die mit saugfähigem Küchenpapier ausgelegt

Fenchel

RECHTS: Getrocknete Lorbeerzweige sind in der Küche gut brauchbar, aber in der Floristik sind frische schöner.

UNTEN: Viele Kräuter sind auch getrocknet sehr würzig und aromatisch, einige sind getrocknet sogar noch stärker.

[redacted]

lich aus und man vergißt leicht, welches welches war. Aufbewahrt werden sie an einem dunklen Ort. Um das Aroma bestmöglich zu erhalten, zerkrümelt man die Blätter von Gewürzkräutern erst unmittelbar vor der Verwendung.

Farbe und Form von einzelnen Blüten bleiben mit Silica-Gel am schönsten erhalten, aber es eignet sich nur zu Dekorationszwecken, nicht zur Verwendung des Trockengutes in der Küche. Vor allem Rosen lassen sich so am besten behandeln. Dazu wird ein luftdicht verschließbares Gefäß 2,5 cm hoch mit Silica-Gel gefüllt. Dort hinein legt man die Blüten und füllt Silica-Gel nach bis die Blüten vollständig bedeckt sind. Das Gefäß wird verschlossen und zwei oder drei Tage an einen warmen, trockenen Ort gestellt. Dann die Blüten vorsichtig entnehmen, denn sie sind dann sehr brüchig.

Getrocknete Kräutersamen wie Koriander, Dill und Anis haben oft einen ganz spezifischen Geschmack und sind unerläßliche Zutaten zu manchen Gerichten, Sauerkonserven oder Getränken. Kümmel und Mohnsaat würzen und dekorieren Kuchen und Brot. Um Samen zu trocknen, werden die Samenstände geerntet, wenn sie eben beginnen, braun zu werden. Man gibt sie in große Papiertüten und läßt sie in einem warmen Raum trocknen. Wenn die Samen trocknen, fallen sie aus den Samenständen auf den Boden der Tüte. Die Samen bewahrt man dunkel in Gläsern auf.

RECHTS: Kräuter mit hübschen Bändern in Bündeln zum Trocknen in der Küche aufgehängt, verbreiten Landhaus-Atmosphäre.

Dill

LINKS: Bei empfindlichen Kräutern wie Dill, Petersilie, Fenchel, Minze, Estragon und Kerbel erhalten sich Geschmack und Farbe am besten durch Tiefgefrieren.

Frische Kräuter kann man auch einfrieren, allerdings werden die meisten beim Auftauen schlaff. Am besten eignen sich Petersilie, Dill und Fenchel, die beim Trocknen stark an Aroma verlieren. Die Kräuter werden gewaschen und sorgfältig trockengeschleudert. In kleinen Bündeln oder fein geschnitten gibt man sie in Tiefkühlbeutel, verschließt sie luftdicht und gibt sie ins Tiefkühlgerät. Die Kräuter können noch gefroren an Ragouts, Eintöpfe oder Suppen gegeben werden. Petersilie und andere Kräuter lassen sich im gefrorenen Zustand gut zerkrümeln.

Eine gute Methode ist es, Kräuter als Eiswürfel einzufrieren, vor allem für sommerliche Getränke und Kaltschalen. Dafür eignen sich Minze, Pimpinelle und die hübschen Boretschblüten, die alle eine sehr zarte Würze geben. Man gibt sie einfach in einen Eiswürfelbehälter, füllt mit Wasser auf und friert wie üblich ein. Mit Mineralwasser erhält man klare Eiswürfel, während Leitungswasser beim Gefrieren leicht trüb wird.

Eine andere Möglichkeit, das Aroma frischer Kräuter zu erhalten, ist die Herstellung von Kräuteressig, den man für Salatsaucen verwendet. Dafür eignen sich Estragon, Basilikum und Knoblauch (siehe Seite 78). Blüten von Ringelblumen, Holunder und Schnittlauch können auch in Essig konserviert werden und geben ihr Aroma an ihn ab. Kräuteressig sieht im Küchenregal hübsch aus und ist zudem ein schönes Geschenk.

Kräuter, die sich schlecht trocknen lassen, wie Basilikum, kann man in Salz konservieren. Dazu kommen in ein luftdichtes Gefäß eine Schicht Salz und dann in Schichten abwechselnd Kräuter und Salz, letzte Schicht Salz. Zum Gebrauch werden die Blätter einfach abgeschüttelt oder abgespült.

Auch in Butter mit etwas Salz und Zitrone kann man Kräuter konservieren. Petersilie, Schnittlauch und Estragon eignen sich dafür oder eine Kräutermischung. Die Butter kann in Eiswürfelbehälter gefüllt eingefroren und über heißes Gemüse oder Fleisch gegeben werden. Die Kräuter entwickeln beim Schmelzen der Butter ihr Aroma.

Blüten, Blätter und Stiele einiger Kräuter können dekorative und würzige Beigaben zu Kuchen oder Desserts sein oder zu Süßigkeiten verarbeitet werden. Die zarten Veilchenblüten behalten Farbe und Geschmack, wenn man sie einzuckert. Sie werden in leicht geschlagenes Eiweiß getaucht, in Puderzucker gewälzt und langsam zwischen Pergamentpapier getrocknet. Man bewahrt sie luftdicht in einer Dose auf.

Auch Rosenblätter und Boretschblüten können auf diese Weise konserviert werden und Blätter von Minze oder Duftgeranien.

Angelikastiele werden zur Dekoration von Kuchen und Kleingebäck kandiert. Diese wundervollen Süßigkeiten färben sich prächtig grün, wenn sie mit grünen Blättern in Sirup gekocht werden. Rezept auf Seite 79. Auch Angelika wird luftdicht in einer Dose aufbewahrt.

Kräuter von A-Z

Allium sativum
Knoblauch

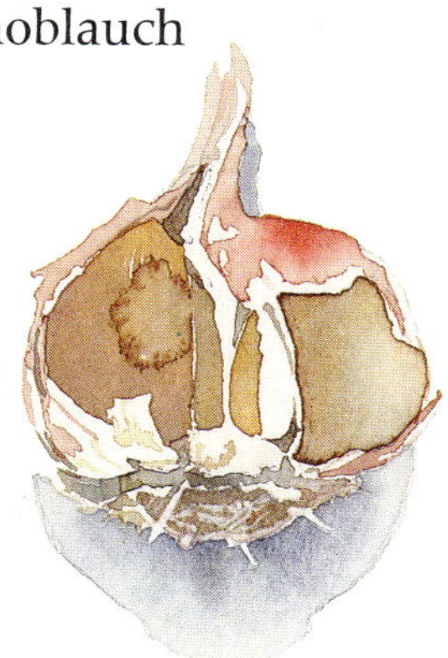

Knoblauch hat lange, schmale, kräftig grüne Blättchen an einem schlanken zylindrischen Stiel. Er wird etwa 30 cm hoch und sein kugeliger Blütenstand enthält kleine weiße Blütchen. Knoblauch ist eine ausdauernde Staude und wächst aus einer Zwiebel, die in mehrere Zehen unterteilt ist und in der Küche vielseitig verwendet wird. Er benötigt einen gut durchlässigen, nahrhaften und feuchten Boden in sonniger Lage.

Allium schoenoprasum
Schnittlauch

Schnittlauch wächst in Horsten 15-20 cm hoch und hat kräftiggrüne, dünne zylindrische

Stiele mit großen rosa oder hellvioletten Kugelblüten im Hochsommer. Er wird geschnitten über Speisen gestreut, sein fein zwiebelartiges Aroma eignet sich als Würze von Salaten und Frischkäse und die Blüten färben Kräuteressig. Schnittlauch liebt nährstoffreichen, feuchten Boden. Er braucht eine sonnige Lage, sollte aber nicht austrocknen.

Aloysia triphylla
Zitronenstrauch, Eisenkraut, Verbena

Das Eisenkraut ist ein duftender Kleinstrauch mit zahlreichen blaßvioletten oder weißen Blüten. Seine schmalen grünen Blättchen riechen stark nach Zitrone und können frisch für Obstsalate, Bowlen und Kaltschalen verwendet werden oder getrocknet zu Potpourris und Badezubereitungen. Eisenkraut kann 1,5 m hoch werden, wenn es einen warmen, geschützten Standort bekommt. Bei uns ist es nur bedingt winterhart.

Anethum graveolens
Dill

Dill ist ein aromatisches einjähriges Kraut mit feinem fiedri-

gen Laub und winzigen gelben Blütchen an flachen Dolden. Die Pflanze wird 60-90 cm hoch. Das Kraut wird für Saucen zu Fisch oder in Salaten verwendet, die Samen in Ragouts, Suppen, Essig und Sauerkonserven. Dill benötigt einen warmen Platz und guten durchlässigen Boden. Er wird direkt ins Freiland ausgesät.

Angelica archangelica
Angelika, Engelwurz

Angelika ist eine hohe, meist zweijährige 1-2 m hoch wachsende Pflanze mit glänzend grünen Blättern und sich leicht versamenden weißen Blüten. Bekannt sind vor allem die kandierten Stiele zur Dekoration von Kuchen, aber auch ihre süßlichen Blätter können für Fruchtspeisen und Obstkonserven verwendet werden. Angelika gedeiht gut in feuchtem Klima, liebt nahrhafte Böden und einen leicht schattigen Standort.

Anthriscus cerefolium
Kerbel

Kerbel ist ein einjähriges Kraut mit farnartigen hellgrünen Blättchen und kleinen weißen Blüten. Er wird etwa 45 cm hoch. Es gibt glatte und krause Sorten. Mit Petersilie, Estragon und Thymian gehört er zu den klassischen Fines Herbes der französischen Küche. Er schmeckt zart anisartig und wird in Salaten und Suppen verwendet. Kerbel liebt gut durchlässigen Boden im Halbschatten. Er wird direkt ausgesät.

Artemisia abrotanum
Eberraute, Wermut

Die Eberraute ist eine verholzende Staude mit graugrünem fiedrigen Laub mit herbem

Zitronenaroma. Sie hat kleine gelbe Blüten und wird bis 1 m hoch, wenn sie nicht geschnitten wird. Die getrockneten Blätter werden für Duftsäckchen gegen Insekten verwendet. Die Eberraute gedeiht gut in leichten durchlässigen Böden an sonnigen Standorten.

Artemisia dracunculus
Estragon

Estragon ist eine buschig wachsende Staude mit schmalen aromatischen Blättchen und kleinen weißen Blüten im

Spätsommer. Sie wird bis 1 m hoch. Frischer Estragon würzt Salate und Gemüse, Mayonnaise und Essig. Er liebt einen guten, durchlässigen Boden in sonniger Lage und wächst auch gut in Kübeln und Töpfen.

Borago officinalis
Boretsch, Gurkenkraut

Eines der hübschesten Gewürzkräuter mit seinen zahlreichen leuchtend blauen oder rosa sternförmigen Blütchen mit schwarzer Mitte. Blüten und Blätter würzen und zieren sommerliche Getränke und frische Würzsträußchen.

Boretsch ist ein einjähriges Kraut, das aus Samen schnell zu 45-75 cm hohen, verzweigten Pflanzen wächst. Er gedeiht auf magerem Kalk- oder Sandboden mit reichlich Sonne.

Buxus sempervirens
Buchs

Buchs ist ein winterharter, immergrüner, dicht belaubter Strauch mit kleinen dunkelgrünen, glänzenden Blättchen. Er wächst sehr langsam, kann aber 4,5-6 m Höhe erreichen,

wird aber auch viel für niedrige Hecken und zum Formschnitt verwendet. Das immergrüne Laub ist für die Floristik wertvoll und kann in Haarwasser verwendet werden. Buchs liebt einen durchlässigen Boden.

Calendula officinalis
Ringelblume

Die Ringelblume ist eine sehr bekannte Sommerblume, die aus Samen gezogen wird und mit ihren leuchtend gelben oder orangefarbenen Blüten das Gartenbild heiter stimmt. Die frischen Blütenblättchen streut man über Salate, getrocknet gibt man sie der Farbe wegen in Potpourris. Ringelblumen helfen gegen angegriffene Haut und werden in der Kosmetik verwendet. Sie lieben einen sonnigen Standort mit feuchtem nahrhaften

Boden. Verblühtes muß regelmäßig abgeschnitten werden, um die Blütenbildung anzuregen.

Carum carvi
Kümmel

Kümmel ist eine zweijährige Pflanze mit schlanken, hellgrünen, gefurchten Stielen und fiedrigem Laub und weißen Blütchen in zierlichen Dolden. Er wird 40-60 cm hoch. Die aromatischen Samen würzen Kuchen und Brot und passen zu vielen Fleischgerichten. Kümmel ist sehr wärmebedürftig und nicht ganz einfach zu ziehen. Er liebt durchlässige, leichte Böden in sonniger Lage.

Thuja occidentalis
Zeder

Diese Konifere ist mit 9,5 m die höchste Art dieser Gattung. Ihr intensiver Balsamduft wird gegen Insekten eingesetzt. Das Holz wird deshalb gerne für Kleiderschränke und Kommoden verarbeitet. Zedernholzspäne und das ätherische Öl werden in Säckchen und Potpourris verwendet.

Chamaemelum nobile
Kamille

Die Kamille ist eine einjährige krautige Pflanze mit kleinen duftenden Margeritenblüten.

Sie wird in Medizin und Kosmetik vielseitig verwendet. Frische oder getrocknete Blätter ergeben einen Tee gegen Verdauungsbeschwerden und ein einfacher Aufguß von Kamillenblüten ist eine gute Spülung für helles Haar. Kamille ist sehr einfach aus Samen zu ziehen, wenn im zeitigen Frühjahr ausgesät wird. Sie bevorzugt einen trockenen sonnigen Standort und durchlässige Böden.

Coriandrum sativum
Koriander

Koriander ist ein unkompliziertes einjähriges Kraut. Seine unteren Blätter sind kräftig grün und ähneln denen der Petersilie, die oberen sind fiedrig. Die Pflanze wird 60 cm hoch und hat kleine rosaweiße Blütchen. Die Samen werden als Gewürz verwendet. Die Blätter schmecken etwas streng und würzen Salate und Gemüsegerichte. Koriander liebt einen lockeren, nährstoffreichen Boden in sonniger Lage.

Crataegus monogyna
Weißdorn

Der dornige, sommergrüne Strauch oder Baum kann 7 m erreichen. Er hat mittelgrüne, gelappte Blätter und weiße Blüten und rote Früchte im Herbst. Frisch geschnittene Blüten werden für Liköre und andere Getränke verwendet. Der wüchsige Baum bevorzugt einen freien, sonnigen Stand und wird oft in Hecken verwendet.

Dianthus
Nelke

Es gibt mehrere Nelkenarten. Alle haben lange schmale Blätter und knotige Stiele. Die hübschen stark duftenden Blüten haben gezackte bis gerüschte Blütenblätter in vielen Farben. Die Blüten werden frisch in Sträußen oder getrocknet in Potpourris verwendet. Nelken brauchen durchlässigen Boden in einer freien sonnigen Lage. Gewürznelken sind Samen des Gewürznelkenbaumes Syzygium aromaticum.

Eucalyptus globulus
Eukalyptus

Eukalyptus ist ein immergrüner schnellwachsender Baum mit einer Höhe bis 9 m und graugrünen Blättern. Die rundlichen Blätter der Jugendform werden in der Floristik verwendet, getrocknete Blätter in Potpourris. In Fußbädern regen Eukalyptusblätter die Blutzirkulation an. Das aus den Blättern gewonnene Öl wird in der Medizin genutzt. Der Baum ist nur bedingt winterhart.

Foeniculum vulgare
Fenchel

Der Fenchel ist eine winterharte Staude mit zartgefiedertem grauen oder bronzefarbenem Laub. Manchmal ist er auch nur zweijährig. Vom Hochsommer an entstehen die leuchtend gelben Blütendolden. Blätter und Samen werden mit ihrem süßlichen Anisgeschmack als Gewürz verwendet, und in der Kosmetik wird Fenchel für die Haut- und Haarpflege verwendet. Fenchel wird 1,5-2 m hoch und liebt durchlässigen Boden ohne Staunässe und sehr viel Sonne.

Galium odoratum
Waldmeister

Waldmeister hat zierliche weiße Blütchen im Frühsommer und schmale sternförmig um den Stiel angeordnete Blätter. Die niedrige Staude erreicht knapp 20 cm. Getrocknete Blätter haben einen süßen Duft nach frischem Heu und eignen sich für Badezusätze und Kräutersäckchen. Die Blüten aromatisieren sommerliche Getränke. Waldmeister gedeiht in feuchten, nahrhaften Böden im Halbschatten.

Humulus lupulus
Hopfen

Hopfen ist eine Kletterpflanze mit gelblich grünen weiblichen Blütenähren. Die getrockneten Früchte werden in der Bierbrauerei verwendet. Junge Triebe und Blätter können in Gemüsesuppen oder für sich gekocht genossen werden. Hopfen hat eine leicht beruhigende Wirkung und deshalb sind getrocknete Hopfenblüten ein klassischer Bestandteil in Kräuterkissen. Hopfen benötigt zum Gedeihen viel Sonne, guten Boden und reichlich Platz.

Hyssopus officinalis

Ysop

Ysop ist ein halbimmergrüner Strauch von 30-60 cm Höhe mit aromatischen dunkelgrünen Blättern und verholzenden Stielen und bringt über viele Wochen rosa, blaue oder weiße Blüten. Er hat ein kräftiges, minzeartiges Aroma und wird frisch oder getrocknet zur Insektenabwehr in Würzsträußchen und Potpourris verwendet. Er bevorzugt einen sonnigen Stand und leichte, durchlässige Böden.

Jasminum

Echter Jasmin

Es gibt sehr viele Jasmin-Arten, darunter immergrüne, die meisten sind Kletterpflanzen. Der sommerblühende *Jasminum officinale* hat kleine weiße süßlich duftende Blüten, der im Winter blühende *Jasminum nudiflorum* gelbe. Die Blüten werden für Duftsäckchen und Potpourris verwendet. Ätherisches Öl aromatisiert Kerzen. *Jasminum sambac* ist die im Jasmintee verwendete Art. Einige kleine Arten werden als Topfpflanzen im Zimmer oder Wintergarten kultiviert.

Juglans regia

Walnuß

Die Walnuß ist ein laubabwerfender großkroniger Baum mit

großen ovalen Blättern. Seine wohlschmeckenden Nüsse werden in Kuchen verbacken und für viele Gerichte verwendet. Grüne Nüsse kann man in Essig einlegen. Die äußeren Nußschalen werden für Spülungen von dunklem Haar verwendet, Walnußblätter zu Fußbädern. Nußbäume brauchen einen durchlässigen, kalkhaltigen Boden.

Laurus nobilis

Lorbeerbaum

Der Lorbeerbaum ist ein immergrüner, nur bedingt winterharter Baum mit glänzenden

Blättern und kleinen cremefarbenen Blüten. Er wächst sehr langsam, kann aber 8 m erreichen. Lorbeerblätter gehören zu den Kräutern des klassischen Bouquet Garni. Lorbeer ist nicht nur vielseitiges Küchengewürz, sondern wird frisch oder getrocknet auch in der Kosmetik verwendet, ebenso in der Floristik sowie für Potpourris. Der Lorbeerbaum benötigt einen geschützten, sonnigen Standort und nährstoffreichen, durchlässigen Boden. Bei uns wird er vornehmlich als Kübelpflanze gezogen.

Lavandula angustifolia

Lavendel

Von dieser Art gibt es viele Sorten mit violetten, rosa und weißen Blüten. Es ist ein ausdauernder, immergrüner Kleinstrauch, der als kompakter Busch etwa 75 cm hoch wird. Frischer Lavendel ist ein klassischer Duft mit weiter Verwendung in Kosmetik und Floristik, für Duftsäckchen, Badeaufgüsse und Gesichtswasser. Lavendel gedeiht in mageren, aber durchlässigen Böden in sonnigen Lagen.

Melissa officinalis

Zitronenmelisse

Die Zitronenmelisse ist eine aromatische Staude. Ihre hellgrünen oder panaschierten Blätter riechen und schmecken

nach Zitrone. Sie wird 60-100 cm hoch und blüht hellgelb bis weiß den ganzen Sommer über. Frische Blätter ergeben einen erfrischenden Tee und aromatisieren Limonade und Salate. Die Pflanze liebt magere, feuchte Böden in sonniger Lage.

Mentha

Minze

Von Minze gibt es viele Arten und Sorten, die alle stark wuchern. Minze wird in der Küche und in der Medizin verwendet. Frische oder getrocknete Blätter ergeben einen erfrischenden Tee und sind eine klassische Würze für Saucen und englische Jellies als Beilage zu Lamm. Schönheitsmittel auf Minzebasis wirken kühlend. Minze bevorzugt durchlässige, feuchte Böden in Halbschatten oder Sonne.

Mentha x piperita
Pfefferminze

Pfefferminze hat von allen Minzen das stärkste Aroma. Sie wird in großem Umfang für Medizin und Kosmetik angebaut. Ihre Blätter ergeben einen kräftigen Tee und auch in getrockneten Blättern erhält sich das Aroma gut. Pfefferminze regt den Kreislauf an und ist gut für müde und geschwollene Füße. Pfefferminzöl ist eines der wichtigsten ätherischen Öle. Die Pflanze benötigt ein warmfeuchtes Klima und liebt feinkrümelige, durchlässige Böden. Unterarten sind die Orangenminze und die Eau-de-Cologne-Minze.

Mentha pulegium
Poleiminze

Poleiminze unterscheidet sich stark von allen anderen Minzearten. Sie wächst sehr flach und ist ein idealer Bodendecker. Sie hat ein starkes Aroma und sollte in der Küche vorsichtig verwendet werden, eignet sich aber für Getränke. Sie ist ein klassisches Mittel gegen Flöhe, mit den frischen Blättern reibt man deshalb das Fell von Haustieren ein. Die Poleiminze wächst auf jedem feuchten Boden.

Mentha suaveolens
Apfelminze

Die Apfelminze wuchert etwas weniger als die anderen Arten. Ihre rundlichen Blätter haben

ein feines Apfelaroma und ihr milder süßlicher Geschmack ist ideal für Kuchen und Gerichte und Getränke mit Früchten. Die getrockneten Blätter bewahren das Aroma gut, und frische Zweige machen sich gut in Kräutersträußchen. Apfelminze kann 60 cm hoch werden und gedeiht auf nährstoffreichen, feuchten Böden im Halbschatten. Eine panaschierte Form ist *M.s.* 'Variegata', die Ananasminze.

Monarda didyma
Indianernessel, Bergamotte

Die Indianernessel ist eine duftende Staude mit leuchtend roten Blüten, die Bienen

anlockt. Sie wird 45-100 cm hoch. Getrocknete Blätter werden zu Tee verwendet, Bergamotteöl aromatisiert Kerzen und Duftwässer. Bei manchen Menschen verursacht die Pflanze allergische Reaktionen. Die Pflanze braucht einen nährstoffreichen, feuchten Boden im Halbschatten und muß regelmäßig gewässert werden.

Ocimum basilicum
Basilikum

Basilikum hat große glänzende Blätter und kleine weiße Blütchen. Es ist vor allem als Gewürz zu Tomaten und im Pesto bekannt. Es ist eines der wenigen Kräuter, die sich nicht zum Trocknen eignen und vor allem frisch zu verwenden sind. Junge Blättchen sind am besten, man sät deshalb mehrmals im Jahr aus, um laufend ernten zu können und entfernt Blütenansätze, um den Blattwuchs anzuregen. Basilikum benötigt einen sehr warmen, sonnigen und geschützten Platz und lockeren, nährstoffreichen Boden. Es ist sehr nässeempfindlich.

Ocimum basilicum 'Purpurascens'
Rotlaubiges Basilikum

Diese dekorative Basilikum-Sorte eignet sich besonders für die Kultur im Topf und wegen seiner Farbe für Salate und Essig.

Origanum vulgare
Oregano, Dost

Oregano ist eine aromatisch duftende verholzende Staude, wohlbekannt aus der mediterranen Küche. Der kleine Strauch trägt kleine rundliche

Blätter und rosa Blüten. Frische wie getrocknete Blätter würzen Salate, Gemüse und Fleisch. Die Blüten sehen in Sträußen zierlich aus. Oregano kann als Bündel getrocknet werden und behält sein Aroma sehr gut. In Kräutersäckchen gibt man ihn in Kleiderschränke gegen Insekten.
Oregano kann aus Samen gezogen werden und bevorzugt durchlässige, nährstoffreiche Böden. Er ist auch gut in Töpfen zu ziehen, einzeln oder in Balkonkästen zusammen mit anderen kompakt wachsenden Kräutern.

Origanum vulgare 'Aureum'
Goldener Majoran

Diese goldlaubige Sorte hat ein milderes Aroma. Die dekorative Farbe macht sie für Kränze und Kräutersträuße besonders attraktiv.

Papaver somniferum
Schlafmohn

Mohnart mit graugrünen Blättern und großen papierartigen Blüten in vielen Farben. Es gibt auch gefüllte Formen, die Nelken- oder Päonienblüten ähneln. Schlafmohn wird zu medizinischen Zwecken kommerziell und kontrolliert angebaut. Der private Anbau ist ver-

boten. Die getrockneten Samenkapseln dieser und anderer Mohnarten werden in der Floristik verwendet und die feinen Samenkörner für Backwaren. Alle Mohnarten benötigen einen durchlässigen Boden und einen sonnigen Standort.

Pelargonium
Geranie, Pelargonie

Neben den bekannteren blühenden Balkonpflanzen gibt es zahlreiche Sorten mit duften-

den Blättern. Es sind an sich immergrüne Stauden, aber bei uns nicht winterhart und werden deshalb in Kübeln oder Töpfen gezogen und müssen im Winter ins Haus. Die Blätter mit ihrem Duft nach Rosen, Äpfeln, Minze, Orangen, Zitronen oder Zimt werden frisch oder getrocknet für Potpourris verwendet. Ihr ätherisches Öl wird in der Kosmetik genutzt. Frische Blätter werden auch in Salaten und eingezuckert als Dekoration von Speisen verwendet.

Petroselinum crispum
Petersilie

Petersilie ist eines der bekanntesten Gewürzkräuter. Es gibt Kräuselpetersilie und glattblättrige Petersilie und es gibt ganz niedrige Sorten, die sich auch für die Topfkultur eignen und solche, die bis zu 60 cm hoch werden. Die Stiele sind besonders würzig. Sie werden in Saucen und Suppen, Kräuselpetersilie auch als Dekoration verwendet. Petersilie benötigt Sonne und nährstoffreichen, feuchten Boden.

Rosa
Rosen

Duftende Rosen werden seit Jahrhunderten in der Medizin und als Schönheitsmittel verwendet. Frische und getrocknete Knospen, Blüten und Blütenblätter werden ihrer Farben und ihres Duftes wegen in Potpourris, Duftsäckchen und Hautpflegemitteln verwendet.

Auch ätherische Öle werden daraus gewonnen. In der Aromatherapie werden vor allem die Damaszener Rose und die Centifolie verwendet. Rosenblätter sind auch in Rezepten für Tees, Marmeladen, Essig und Wein enthalten. Hagebuttensirup ist reich an Vitamin C. Rosen brauchen einen durchlässigen Boden in Sonne oder Halbschatten.

Rosmarinus officinalis
Rosmarin

Rosmarin ist ein kräftig duftender, immergrüner Kleinstrauch. An seinen aromatischen nadelförmigen blaugrünen Blättchen ist er leicht zu erkennen. Im späten Frühjahr trägt er bei günstigem Wetter blaue, weiße oder rosa Blüten. Rosmarin wird vielseitig in der Küche, in der Floristik für Potpourris und in der Kosmetik verwendet. Auch getrocknet bewahrt er sein Aroma gut. Er wächst am besten in leichtem trockenen Boden und braucht einen geschützten Platz, in kalten Gegenden Winterschutz. Auf Kalkböden ist er aromatischer.

Rumex rugosus
Gartensauerampfer

Der Gartensauerampfer ähnelt mit seinen breiten Blättern, aber auch im Geschmack dem Spinat und er kann auch ähnlich zubereitet werden. Er wird etwa 60 cm hoch und bekommt im Hochsommer rötlich grüne Blütenrispen. Sauerampfer würzt Mayonnaisen und Saucen zu Fisch, wird in Suppen und roh in Salaten verwendet. Im Frühling haben die Blätter noch wenig Geschmack und werden im Laufe des Sommers zunehmend sauerer. Sauerampfer wächst auf fast allen Böden.

Rumex scutatus
Römischer Ampfer

Diese Ampferart ist etwas milder als der breitblättrige Gartensauerampfer. Seine hübschen Blätter machen ihn besonders attraktiv für die Kultur auf dem Fensterbrett zusammen mit anderen Kräutern.

Salvia officinalis
Salbei

Vom Salbei gibt es viele Arten und Sorten. Vom Gartensalbei ist der grünlaubige am häufigsten. Es ist ein aromatischer immergrüner Halbstrauch, der bis 1,20 m hoch werden kann. Es gibt außerdem bunt- und goldlaubige Sorten und die Art *Salvia rutilans* mit Ananasaroma. Salbei wird frisch und getrocknet in der Küche, als Dekoration und in der Aromatherapie genutzt. Er wächst auf nahezu jedem Boden in sonniger Lage.

Sambucus nigra
Schwarzer Holunder

Holunder ist ein sommergrüner Großstrauch, der 7 m Höhe erreichen kann. Seine cremeweißen duftenden Blütendolden erscheinen im Frühsommer. Sie werden für die Haut- und Haarpflege genutzt und in Essig, Wein und Likören verarbeitet. Aus den reifen Beeren wird Saft, Wein oder Marmelade gemacht.

Santolina chamaecyparissus
Heiligenkraut

Heiligenkraut ist ein immergrüner Halbstrauch mit aromatischen silbergrauen fiedrigen Blättchen und kleinen, gelben Kugelblüten. Es wird oft als niedrige Hecke und zum Formschnitt gepflanzt und wird 60 cm hoch. Blüten und Zweige werden für die Floristik, in Kräutersäckchen und Potpourris verwendet. Der starke Geruch wehrt Insekten ab. Santolina benötigt einen sandigen, gut durchlässigen Boden in sonniger Lage.

Saponaria officinalis
Seifenkraut

Seifenkraut ist ein zierliches Kraut mit großen hellrosa Blüten. Es wird meist 60 cm hoch, kann aber auch 1,50 m erreichen. Das Kraut hat keinen Duft, aber in Wasser eingeweichte Blätter und Wurzeln ergeben einen milden Seifenschaum, ideal zur Pflege empfindlicher Gewebe. Aus getrocknetem Seifenkraut macht man Haarshampoo. Seifenkraut wächst auf feuchtem Boden in sonnigen Lagen.

Symphytum officinale
Beinwell

Beinwell, mit dem Boretsch verwandt, ist eine hohe, gut verzweigte Staude mit länglichen, graugrünen Blättern und blauen oder cremefarbenen Blüten im Sommer. Es wird 60-90 cm hoch und versamt sich bereitwillig. Die Blätter werden seit Jahrhunderten für Umschläge gegen Verstauchungen und Prellungen verwendet und eignen sich für Badezusätze. Beinwell wächst auf allen durchlässigen, nährstoffreichen Böden.

Tanacetum parthenium
Mutterkraut, Römische Kamille

Mutterkraut hat kleine gelbe oder hellgrüne Fiederblätter und margaritenähnliche Blüten. Die aromatischen Blätter werden wegen ihres bitteren Geschmacks nicht viel verwendet, sollen aber gut gegen Kopfweh sein. Die Blüten sind in frischen Kräutersträußen dekorativ. Mutterkraut ist eine ausdauernde, 40-60 cm hohe Staude und wächst auf feuchtem, durchlässigen Boden in voller Sonne.

Tanacetum vulgare
Rainfarn

Der Rainfarn ist eine Staude

mit aromatischen grünen Blättern und in lockeren Dolden stehenden gelben Blüten und wird mit 100-125 cm ziemlich hoch. Rainfarn wird vor allem in der Floristik verwendet, aber auch in Kräutersäckchen gegen Insekten. Er wächst auf allen Böden.

Thymus x citriodorus
Zitronenthymian

Diese Thymianart hat einen zarten Duft und seine kleinen leuchtend grünen Blättchen schmecken nach Zitrone. Es ist ein kleiner immergrüner Halbstrauch, der 20-30 cm hoch wird und im Spätsommer dunkelrosa blüht. Es ist ein bekanntes Küchenkraut für Geflügelgerichte und Füllungen, man kann damit aber auch Sülzen und sogar Eiscreme würzen. Thymian benötigt trockene, durchlässige Böden und viel Sonne.

Thymus vulgaris
Echter Thymian

Von Thymian gibt es viele Arten und Sorten. Der Echte Thymian unserer Gärten ist eine kultivierte Form des Wilden Thymians. Er ist ein stark verzweigter immergrüner Kleinstrauch, der bis 25 cm hoch wird und im Sommer kleine violette Blüten hat. Thymian ist eines der klassischen

Kräuter im Bouquet Garni und wird frisch oder getrocknet zum Würzen von Sülzen, Essig und Fleischgerichten und als Schmuck in Potpourris, Sträußen und Kränzen verwendet. Thymian liebt viel Sonne und wächst in allen durchlässigen Böden.

Tilia x vulgaris
Linde

Die Linde ist ein großer sommergrüner Baum mit großen herzförmigen Blättern. Er wird 15 m hoch und trägt im Frühjahr stark duftende Blüten, die getrocknet für den bekannten Lindenblütentee verwendet werden und ebenso in Potpourris. Linden wachsen auf durchlässigen Böden und benötigen einen freien Stand.

Vanilla planifolia
Vanille

Die Vanille ist eine zarte Kletterpflanze, die in feuchtem tropischen Klima bis 12 m hoch wächst. Sie hat lange, ledrige Blätter und gelbe oder orangefarbene Blüten, aus denen sich die langen aromatischen Samenstände, die Vanilleschoten, bilden. Sie dienen in vielerlei Nahrungsmitteln als Gewürz, wie Eiscreme, Kuchen, Süßigkeiten. Vanilleöl wird auch in der Parfumherstellung, für Potpourris und Duftkerzen verwendet.

Viola odorata
Veilchen

Das Veilchen ist eine kleine Staude mit herzförmigen Blättern und zierlichen duftenden violetten oder weißen Blüten. Aus den Blüten wird das Veilchenöl gewonnen und die Blüten selbst werden in Likören, Essig und Confiserie verwendet und zieren Sträußchen und Potpourris oder verzuckert Torten und Obstsalate. Veilchen lieben humose Böden und Halbschatten.

Zingiber officinale
Ingwer

Ingwer ist eine zarte, Ausläufer treibende Pflanze, die in den

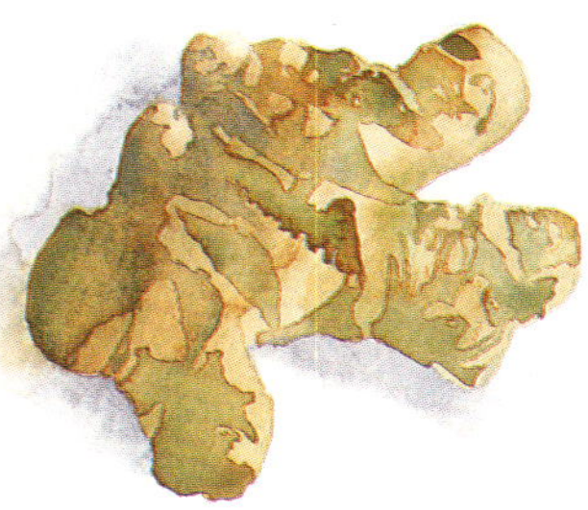

Tropen wächst und dort 1 m erreicht. Sie hat grasähnliche Stiele mit lanzettlichen Blättern. Die Wurzeln bilden dicke Rhizome. Diese werden frisch oder gemahlen als scharfes Gewürz für Kuchen, Kekse, Bier und Wein verwendet. Gemahlenen Ingwer kann man auch in Potpourris verwenden.

Bezugsquellen

Die Zutaten für die Kochrezepte sind heute in fast allen größeren Supermärkten erhältlich und sicher im Reformhaus oder Naturkostladen.

Material für die floristischen Arbeiten wie Steckschaum, Blumendraht und Trockenblumen gibt es in vielen Hobbyläden und Hobbyabteilungen von Gartencentern und Heimwerkermärkten.

Die bekannten Gewürzpflanzen, Stauden und Gehölze bekommt man im Gartencenter, in der Gärtnerei oder Baumschule. Für ausgefallenere Wünsche wie bestimmte Duftgeranien, Thymian- oder Basilikumarten und dergleichen, werden nachfolgend einige Adressen genannt. Dabei ist aber darauf hinzuweisen, daß das Angebot oder auch die Anschrift von Firmen sich oftmals ändert, und daß nicht alle Firmen kleine Mengen an Privat liefern.

Blauetikett-Bornträger GmbH,
Postfach 5, 67591 Offstein
Wildkräuter, Gewürzkräuter, Samen

N.L Chrestensen
Postfach 1000, 99021 Erfurt
Zwiebeln, Knollen, Samen

Kräuterzauber, D.Rühlemann
Am Himpberg 32, 27367 Stuckenborstel
Kräuter und Duftpflanzen

Carl Sperling & Co.
Postfach 2640, 21316 Lüneburg
Samen

Stegmeier Gartenbau
Unteres Dorf 7, 73457 Essingen
Großes Sortiment Duftpelargonien, Kübelpflanzen

Syringa-Versand
Postfach 1203, 78241 Gottmadingen
Kräutersamen, Duftkräuter und Öle

Wiedemann
73312 Geislingen-Aufhausen
Duftpelargonien, Gewürzkräuter, Teepflanzen, Samen

Ätherische Öle und Zutaten für die Kosmetik gibt es in vielen Hobby- und Bioläden. Spezialisiert haben sich folgende Firmen, die teilweise Filialen in vielen Städten unterhalten:

ALC
Kranichstr. 4, 45879 Gelsenkirchen

COLIMEX GmbH
Mozartstr. 7, 50674 Köln

Heicos-GmbH
Bleichstr. 15, 69120 Heidelberg

Neumond GmbH
Mühlfelder Str. 70, 82211 Herrsching

Spinnrad
Klosterstr. 13, 45879 Gelsenkirchen

Firma Stella
73804 Uhingen

Weiterführende Literatur/Bildquellen

Bross-Burkhardt, B.: Duftstoffe für die Naturkosmetik. Verlag Eugen Ulmer, Stuttgart 1990

Erhardt, A. und W. Erhardt: PPP-Index, Pflanzeneinkaufsführer für Europa. Verlag Eugen Ulmer, Stuttgart 1996

Fritsche, H.: Heil- und Gewürzkräuter aus dem eigenen Garten. 3. Aufl. Verlag Eugen Ulmer, Stuttgart 1995

George, H.: Likörbereitung. 9. Aufl. Verlag Eugen Ulmer, Stuttgart 1996

Groom, N.: The Perfume Handbook. Chapman & Hall, London 1992

Hoppe, H.A.: Drogenkunde. Bd. 1–3. Walter de Gruyter, Berlin, New York 1975–87

Pütz, J. und Ch. Niklas: Cremes und sanfte Seifen. Kosmetik zum Selbermachen. Hobbythek Bd. 13. VGS, Köln 1986

Pütz, J. und Ch. Niklas: Die 5-Minuten-Kosmetik. Neue Rezepte für sanfte Cremes. Hobbythek. VGS, Köln 1990

Recht, Ch. und M.F. Wetterwald: Ernte am Wegrand. Verlag Eugen Ulmer, Stuttgart 1985

Stiglmayer, J.: Schöne Duftpflanzen. Verlag Eugen Ulmer, Stuttgart 1996

Wundermann, I.: Der Hobbyflorist. Verlag Eugen Ulmer, Stuttgart 1996

Fotos von Di Lewis und The Garden Picture Library
Seite 136–137 Linda Burgess
Seite 139–143, 159 oben rechts John Glover
Seite 154 oben rechts, 204 Lamontagne
Seite 157 oben rechts Brian Carter
Seite 158 Jon Bouchier
Seite 202–203 Marianne Majerus
Seite 205–207 Mayer/Le Scanff
Seite 152, 156 rechts Harry Smith Hort. Phot. Coll.

Kräuterportraits von Stonecastle Graphics Ltd.

Farbaquarelle von Nicole Gregory

Register

Kursive Zahlen verweisen auf Abbildungen, möglicherweise ist zu diesem Stichwort auch im Text ein Hinweis. Kräuter sind auch dann aufgeführt, wenn sie nur als Zutat in einem Rezept erwähnt sind, um verschiedene Verwendungsmöglichkeiten auffindbar zu machen. Ausführliche Hinweise ab Seite 208.

Wenn Ihnen der Sinn nach mehr steht.

Dieses Buch ist längst zu einem Standardwerk der Floristik geworden, das wegen der Kompetenz und Gründlichkeit der Autorin auch von vielen Berufsfloristen hoch geschätzt wird. Sie versteht es, didaktisch folgerichtig das nötige Grundwissen über das Pflanzenmaterial als Gestaltungsmittel, über die Gestaltungsregeln, über wichtige Begriffe wie Ordnung, Harmonie und Bewegung zu vermitteln und in vielen Beispielen anschaulich zu machen. Das Buch enthält alle nur denkbaren Techniken der Floristik – vom gebundenen Strauß über das Gesteck, die Kranzbinderei bis hin zum floristischen Objekt. Dazu Anregungen und Anleitungen, mit denen auch Anfänger Blumenschmuck für jede Gelegenheit schaffen können.

Ingeborg Wundermann
Der Hobby-Florist. *Praxis des Gestaltens mit Blumen. 387 S., 120 Farbfot., 340 Zeich-*

Pflanzen in Töpfen, Töpfe im Garten, auf der Terasse, auf dem Balkon, im Schatten, in der Sonne... – Ellen Fischer zeigt in stimmungsvollen Bildern und Texten die vielen Möglichkeiten, in Töpfen und mit Töpfen zu gärtnern. Sie zeigt klassisch inspirierte Ensembles, rustikale Zusammenstellungen und den Jahresablauf im eigenen heiteren Topfgarten. Es ist überraschend, was man alles machen kann, welche Chancen beispielsweise ein noch so kleiner Balkon zu bieten hat. Überraschend ist auch die Fülle der geeigneten Pflanzen: Klassiker der Topfkultur, Rosen für Topf und Kübel, Hortensien, Fuchsien, Gehölze, die kein extra Winterquartier brauchen, Sommerblumen aus der Samentüte, Blumenzwiebeln.

Ellen Fischer
Das Topfgartenbuch. *Gärtnern in Töpfen, Terrakotten u. Kübeln. 221 S., 130 Farbfot., 46 Zeichn. ISBN 3-8001-6598-8*

Selbstgemachte Liköre gehören zum festen Bestandteil mancher Hauswirtschaft. Viele Rohstoffe dafür findet man im eigenen Garten. Wer also Lust hat, kann nach den Anleitungen dieses Buches aus den wohlschmeckenden Gewächsen des Gartens und des Feldes gute Liköre selber machen. Das ist ganz einfach, und doch ist sorgfältig auf vieles zu achten, damit der Hausgemachte auch gut gelingt. Dafür ist der „George" längst der bewährte Ratgeber geworden. Der Autor, ein erfahrener Destillateurmeister, erklärt, wie die Zutaten verarbeitet werden und wie ein guter Ansatz entsteht. Seine 36 Rezepte sind Anleitung und Anregung zugleich.

Herbert George
Likörbereitung. *Wissenswertes über Alkohol u. alkoholische Getränke mit Rezeptbeispielen für die häusliche Zubereitung. 119 S., 20 Farbfot., 59 Zeichnungen. ISBN 3-8001-6605-4*

Empfehlenswerte Taschenbücher

H. Fritzsche. ***Heil- und Gewürzkräuter*** *aus dem eigenen Garten. (TB 30). ISBN 3-8001-6844-8*

G. Granow. ***Schmuckkränze und Girlanden.*** *(TB 47). ISBN 3-8001-6223-7*

U. Wegener. ***Pflanzen konservieren.*** *(TB 53). ISBN 3-8001-6235-0*

B. Bross-Burkhardt. ***Duftstoffe für die Naturkosmetik.*** *(TB 52). ISBN 3-8001-6239-3*

Chr. Recht, M. F. Wetterwald. ***Ernte am Wegrand.*** *(TB 14). ISBN 3-8001-6265-2*

A. Samwald. ***Dörren.*** *Früchte, Gemüse, Kräuter. (TB 22). ISBN 3-8001-6231-8*

H. Thönges. ***Fruchsäfte, Weine, Liköre.*** *(TB 50). ISBN 3-8001-6834-0*

Lesenswertes aus der »Schönen Reihe«

F. Stobbe-Rosenstock. ***Schöner Herbstschmuck.*** *Brauchtum und Floristik. ISBN 3-8001-6565-1*

G. Granow. ***Schöne Florale Bilder.*** *Girlanden, Körbe, Kränze. ISBN 3-8001-6517-1*

J. Stiglmayr. ***Schöne Duftpflanzen.*** *ISBN 3-8001-6574-0*